シンプルっていいよね

文庫本のためのまえがき

二〇〇〇年、日本では「節約」がブームになりました。厳しくなってきた社会背景の中で、いかにお金を使わずして生活をしていけるのか、そんなテーマを取り上げる本が数多く出版されました。それでも、我慢をしながら節約をするなんて寂しいものです。

もっと愉快な気持ちで、お金を使わなくても贅沢に生活する方法はないのでしょうか？　その答えは、長いこと考え込まなくても、海の向こう側、日本から一万キロメートル離れた、私のもう一つの母国・フランスにありました。

フランス人は、お金がなくてもいつもやりくり上手の国民です。たとえ、お財布の中が空っぽでも、頭を使えば必ず解決できる。それを実践しているのがフランス人です。

このフランス特有の精神を「システム・デ（Système D）」といいます。「D」は「デブルーユ（Débrouille）」の頭文字、「すばしこさ」や「どうにかして目標に達する」を意味します。

この精神は、昔から受け継《つ》がれてきた「フランスのおばあちゃんの知恵」がルーツになっているのだと思います。困った時、何かが必要になったとき、お金を出して手に入れるのではなく、家の中をよく探せば解決手段は必ず見つかる、という考え方です。そんなフランスならではの、シンプルで実用的な日常の知恵がつまっているのが本書です。

二十一世紀に入っても、この本はシワひとつなく、年をとっていないように感じます。きっと今後も老けることはないでしょう。だってフランスの根本的な考え方を述べているのですもの。

お金がなくても、フランス人はエレガントに振る舞います。我慢なんて大嫌いです。「モン・ペシェ・ミニオン（Mon Péché mignon）」（自分だけの贅沢）は妥協しません。あなたも、ご自分の「モン・ペシェ・ミニオン」を捨てることなく、この本からいくつかのヒントを得ていただければと思います。あなたらしく、いろいろなアイディアに応用していただければ、こんなにうれしいことはありません。

二〇〇二年秋

佐藤絵子

はじめに

二十世紀後半の日本のメディアで「FRANCEでは〜」ときんきんした声でおフランスの自慢話をしていた女性がいらっしゃいました。当時、日本のリスナーはフムフムとうなずきながら彼女の話を聞いていました。

いまどきの日本の方々は日本人であることにプライドを持ち、おフランスコンプレックスがなくなったのではないかと思います。もう「FRANCEでは〜」といった話に簡単にうなずく時代ではありません。それは大変よいことだと思います。

この本の中では「フランスでは」から始まる文章は少なくありません。しかし、これは「ほらね、フランスが一番でしょう」というナルシシズムの象徴ではなく、この本のテーマ「贅沢《ぜいたく》節約」を紹介していく上で、読者のみなさまに、もっとフランスの日常、そして考え方を知っていただきたい気持ちで書いています。

この本を通して、節約の概念を少し変えてみたいと思います。

私は「貧乏くさい」とか「セコイ」人、そしてそんなお金の使い方は大嫌い。お金がないならないで、ちょっと頭を使って方法を考えればシャープな結果が生まれてくる。この「お金はないけど楽しみたい!」というフランス人独特の発想、そしてお金がなくてもエレガンスにこだわるフランスの秘訣《ひけつ》をいろいろ紹介していきたいと思います。

今はグローバリゼーション、コミュニケーションの時代です。グローバリゼーションというのは、すべてが同じになるという意味では賛成できませんが、異《こと》なった文化の魅力を知り、それを受け入れることはみんなにとって前向きな考え方だと思います。いい意味で国際人、いや、地球人になれると思います。そして、環境問題としてのエコロジーも意識しながら、物を大切に使うという気持ちを大事にしたいものです。

私は、東京もパリも、同じレベルで大好きで大嫌いです。読者のみなさまにフランスをもっと知っていただき、よいと思われる部分を実生活に受け入れていただければうれしいです。その間、私は日本の魅力を日々もっと学び、フランス人に伝えていきたいと思います。

二〇〇〇年四月

フランス人の贅沢《ぜいたく》な節約生活　目次

2「快適でセンスのいい部屋」のための贅沢な節約生活　53

3「自分らしいファッション・美容」のための贅沢な節約生活　91

5「シンプルだけど気持ちが伝わる人づきあい」のための贅沢な節約生活 157

フランス人の贅沢《ぜいたく》な節約生活　佐藤絵子

Illustrations ©Florence Deygas
Photo Vinci ©Sankaku Lab
装幀　中沢貴之（Ltd.）

1

「贅沢な節約生活」を
スタートさせるまえに

Qu'est-ce que l'eko système

ケチくさい「節約生活」は楽しくない

私はケチな人、セコイ人が大嫌い。ついでに言ってしまうと「節約」という言葉も好きではありません。

実はこの本を書く前に、日本の書店に並んでいる「節約生活のアドバイス」の本や雑誌をいくつか読んでみました。素直に言うと、最後まで読み通した本は一冊もありません。なんとなく、ケチおばさんのセコセコしたアドバイスの本だと感じてしまったから。「そんなに節約ばかりして、人生楽しいのだろうか」と思ったのです。私は佐藤絵子という名を持ちながら、フランス人の母の血が流れる、多少ラテン系なキャラクターを持っています。

その影響なのか、私は「何をするにも〝楽しむ〟こと」を毎日の生活のテーマにかかげています。だから、私は「節約」という言葉も好きではありません。この言葉を使うなら「シャープなライフスタイル」という表現のほうが好きです。

自分の好きな言葉にEpicurien エピキュリアンというのがあります。それは楽しむということ。

食に限らず、ライフスタイルをシャープに楽しみたい。シャープにお金の使い方を考え、おおいに生活を楽しみたい。「節約」という言葉の意味合いの中には「我慢《がまん》」というニュアンスがあります。日本人は「我慢」をするのが好きなのかもしれませんね。実際に社会の中でたくさん「我慢」をしている人種だと思います。しかし、この本は決して「我慢」の本にはしたくないのです。もっと前向きに「シャープに生活を楽しむための本」にしたいと思います。だから「妥協」というネガティヴな発想も取り上げたくないのです。自分の好きなものを我慢して、妥協してまでケチになりたいとはまったく思いません。

フランスにはMon péché mignon（モン・ペシェ・ミニヨン）「私のキュートなわがまま」という言葉があります。自分が好きで好きでたまらないもの、何があっても妥協できないもの、という意味です。私の場合、モン・ペシェ・ミニヨンは花。花がないと佐藤は生きていけません。どんなにお財布の中身がさみしくてもお花だけは買っています。一輪だけでもいいのです。それだけでも充分ハッピーになれるのです。あなたもあなたのペシェ・ミニヨンを妥協しないでくださいね。不幸せになってしまうような「節約生活」とは縁を切って。予算には限りがありますが、楽しくシャープにお金を使ってみましょう。ゲーム気分を楽しめればいいと思うのです。「デパートやスーパー、コンビニの魅力的な商品にはだまされないぞ」と思いながら上手にショッピングをすればいいのです。

「節約」「貧乏」という言葉を使わないフランス人

よくよく考えると、フランス人は「節約」という言葉も「貧乏」という言葉もあまり使いません。ですから、日本語の「貧乏暇《ひま》なし」という表現もないのです。

それはどうしてなのでしょうか？

「貧乏」という言葉をあまり使わないのは、この言葉が「お金がない」という意味だけではなく「乏《とぼ》しい」つまり、精神的に「乏しい」ともとらえられるからにほかなりません。プライドの高いフランス人は「貧乏なんだ」なんて絶対に言いません。単刀直入に「今、金がない」と言うのです。つまり「お金がない」というのは一つの状態にすぎなくて、その人の個性や才能とは関係がない、というのがフランス人の考え方です。

フランスではお金がない人でもプライドを持っています。つまり、人のルックスやお財布の中味で人を評価しないわけです。一番大切なのは、その人の中味。

また、フランスで「節約」という言葉を、年がら年中使わないもう一つの理由には「システム・デ」という独特の考え方があるからです。

「フランスには石油はないけれども、アイディアはある」

「フランスには石油はないけれども、アイディアはある（En France on a pas de pétrole, mais on a des idées)」

このフレーズは、七〇年代にテレビで放送された有名なCMのキャッチフレーズです。

そう、売っていた商品よりもこのキャッチコピーのほうがみんなの記憶にはっきりと残っています。なぜならこの一句こそ、フランス人独特のマインドをひと言で語りきっているから。

ずばり「お金はなくても、知恵があればなんでもできる」という意味です。

フランスではアイデンティティー、つまり個性というものは何よりも大事なこと。どんな会話をしても自分の意見をはっきりと述《の》べるのは当たり前です。話を聞いてばかりの無口な人は、たとえどんなに素晴らしいことを考えていたとしても「何も考えていない人」になってしまいます。だから、フランス人は一度語り出すと自分を主張するのに必死になり、話が止まらなくなります。

それに比べ、日本には「相手を尊重する」という美しい哲学があるので、お昼のランチタイムに、話に夢中になりすぎて会社に戻る時間が遅れてしまうというケースは少ないでしょう。フランス人は次に何か約束があったとしても、いったん話を始めてしまうと、気がつけば約束の時間に遅れてしまいそうになるということがしばしばです。

独自の個性を持つ、他のみんなとは違ったオリジナリティーを持つということ。

それは会話のクオリティーだけに止《とど》まらず、毎日のライフスタイルでも同じことなのではないでしょうか。フランス人にとってはそれは自然なことなのです。

「もうこうなったらシステムDするしかないね」

「システム・デ（Système D）」は、この「フランスには石油はないけれども、アイディアはある」と同じ発想です。「D」は「デブルーユ（Débrouille）」あるいは「デメルドゥ（Démerde）」（どうにかして目標に達するという意味の言葉）の頭文字。

フランスでは日常的に「もう、こうなったらシステムDにするしかないね」という表現をよく使います。

たとえば、会社の中でも「システムD」は登場します。上司が部下に「明日までに何々を作れ」と言ったとします。そのためにはトンカチが必要だとしましょう。こうした場合、日本では部下がまずトンカチの場所を探し、それがない場合は会社の経費で買いに行ったとしても、「トンカチがなくては作れないのだから」と上司の了解をとることができるでしょう。ところがフランスの場合、上司に「ないならないでどうにかしろ」と言われたりします。お金を使わずになんとかしろと。そこで「システムD」の出番がやってきます。お金も使わず、トンカチも使わずして、リクエストされたものと同じものを作るのです。

日本でもフランスでも仕事をした経験のある友人のミシェルは、こう日本とフランスの会社組織を比較します。「フランスの会社では、若者は仕事の意味を学ぶ。日本の場合、若者は上司に従うことを学ぶ」と。フランスでは、何かが足りない時は知恵を絞《しぼ》っていきます。日本の場合は知恵を絞る以前に、最も早い解決手段を選択することが多いのではないでしょうか。

私たちの大好きなショッピングにしてもそうです。フランスではお金がなくて欲しいソファが買えない時には、そこで無理をして大枚をはたいて買ったりはしません。自分のイメージに近いものをリサイクルショップで買ってきて労力と時間を費やしてリフォームするほうを選んだりします。

物よりも「個性」で自分を表現する

二〇〇〇年の三月四日、本当ならパリのアパルトマンの仕事部屋で、コンピュータに向かってこの本の原稿に集中していなければいけない時期。その時私は、東京・渋谷《しぶや》の「109」で探検をしていました。

東京の若者文化のメッカで女の子のルックスや行動をチェックしていたのです。「パラパラギャル」というのでしょうか、「ガングロ」と呼ばれるお嬢さんたちの好きそうな小物屋さんで、友人がレインボーカラーのアクセサリーと可愛い電気スタンドを買ったのです。レジで友人がビザカードを出した瞬間、茶髪でばっちりとお化粧を決めたバービー人形のような店の人に「一回払いでよろしいですか」と聞かれた時にハッとしたのを覚えています。「ここはショッピングとクレジットカードの大国日本なんだ」と思い出したのです。

私たちはビルを出て、国際電話をかけようと電話ボックスを探し、中に入った瞬間、またぼう然としてしまいました。ボックスの窓ガラスがチラシの嵐状態で、どのチラシもクレジットやローンの会社の広告だったのです。一緒にいたフランス人の友人にチラシの内容を説明し、二人で目が点になったのを覚えています。彼女のコメントは「パリではありえないわね」のひと言。

東京に住んでいた二〇歳の頃、日本人のボーイフレンドがクレジットカードを持っていたのを思い出しました。そう、日本は若者を対象としたカード会社がたくさんあるのですね。フランスの場合、そうとは言えません。それには理由がいくつかあります。一番大きな理由はフランスの若者は日本の若者ほどショッピングの虜《とりこ》になっていないので、ローンで買い物をする習慣がないからです。

では、どうして日本の若い人はたくさん物を買うのでしょうか。私が思うに、ショッピングはストレス解消の一環になってしまっているからではないでしょうか。

フランス人は日本人ほど服を買いません。もっと正しく言えば、日本人ほど服にお金をかけません。自分を主張するのに「ルックス」は必要がないということを知っているから。

よく日本の出版社のエディター（編集者）の人から、

「絵子さん、今パリでは何が流行《はや》っているのですか」

と聞かれるのですが、一過性のすぐ消えていってしまうような流行りとして日本のように目につくということもなければ、コロコロ変わるものでもないのです。

この本の中でも何回か繰《く》り返しますが、フランス人の生き方の中で大切なのはアイデンティティーを持つことであり、有名なブランドを身につけることではないのです。

外見よりも中味が大事なのですね。

だから若者はクレジット会社に登録してローンで服を買おうとは思わないし、逆にローン専門の会社は定期収入を持たない子供を相手にしていないのです。

フランス人は日本人ほどローンの返済に追われることはありません。ということはつまり簡単にローンでショッピングをするタイプではないということになります。

「フランス人の夢とローンの関係」について、まとめられた資料がありますので、ここで紹介してみます。

一九九九年のイプソス（国勢調査）によるとフランス人の実に四〇パーセントが夢見ているのは、世界一周の旅。もっと現実的な希望としてはやはりマイホームや家のリフォームが挙げられています。

また、パリジャンに関しては、もっと広いアパルトマンに住みたいという希望があって、収入の少ない人や若者たちはマイカー（といっても高級車を夢見る人はたったの四パーセント）の購入を挙げている。

とはいってもそのうち、六八パーセントにあたる人たちが最終的にローンのシステムが自分たちにとって適当で有利ではないと考えているとあります。ローンは明確な目的があった場合、たとえば、会社の設立や海外での勉強資金などの場合には魅力的な手段だと思われているのです。

最終的にこの調査では「フランス人は夢をかなえるために、簡単にローンを選ぶ国民ではない」とまとめられています。

節約もセンスもインテリジェンスの一部である

「システムD」はある目標を立ち上げる過程で「何か」が欠けている場合「頭を使って欠けている部分に代わる方法を考える」ということです。その欠けている「何か」とは、ほとんどの場合「お金」と置き換《か》えてみていいでしょう。

先ほどのローンの話にも通じるものがありますが、ではそのお金がなかったら、足りなかったら、予算が限られていたら具体的にはどうすればいいのか？

この本では、実際に「システムD」を日常生活で生かしているフランス人の「お金のかからない贅沢な節約生活のすすめ」についてお話ししていきたいと思います。

節約もセンスもインテリジェンスの一部である。

これが私のおすすめする「贅沢な節約生活」の根っこにあるテーマです。

誰だってケチ根性や我慢を続けて気がついたら心がささくれだってしまいそうな「節約生活」は送りたくはないですよね？

お金がなくても精神的には優雅な気持ちで面白い生活を楽しむことができる、そしてハッピーな毎日を過ごしたいものです。

しかも、それは自分が「持っていないもの」ではなく、今「あるもの」で実現することができるのです。

これまで「節約」という言葉が持っていたイメージ（貧乏くさくて、暗くなってしまいそう！）を「システムD」として切り替えてみると、きっと毎日の生活に新しい発見があるにちがいありません。

古き良き「システムD」の精神

フランスでは昔から、いらなくなった物をチャリティー協会に寄付するという考え方があります。国民の多くがキリスト教徒のこの国では、こういう行ないは幼い頃から自然と学ぶものです。美しい譲《ゆず》り合いの精神ですね。

こういった協会の代表的な例は、フランスでは誰もが知っている「エマウス」。神父アベ・ピエールが、貧困救済を目的として六〇年代に設立したこの組織はフランス各地に支店を設《もう》け、一般の人から譲られた服や家具、日常品を安い価格で販売しています。そして、その売り上げは、さまざまなチャリティー運動に使われることになります。

パリにも「エマウス」の店はいくつかあり、中でも最近バスティーユでオープンしたベビー用品の専門店は、とてもうれしい存在です。実は、友人のジャンヌが出産した時に、そのお祝いとして彼女が欲しがっていたロングチェア（大人が食事をする時に、赤ちゃんも同じ位置に座れるためのノッポな椅子《いす》）をここで買いました。たしか二千円くらいだったと思います。きっと新品を買うと一万円以上はするでしょう。

でもこのロングチェアは、安いから買ったわけではありません。五〇年代の古いデザインの面影がとてもチャーミングだったから。

こんなにキュートなロングチェアが見つかったという喜びのあまり、ついでに服のコーナーもいろいろとチェックしてみました。

ジャンヌのベビーは、すでに数え切れないほど服を持っているので、見てもしょうがないかしら？　とも思いましたが、そこではベビーのためではなく、私のための掘《ほ》り出し物を見つけてしまったのです。何気なく六歳の子供服を自分にあててみたら、ひらめきました。

「これだったら、大人の私が着てもどうにかなりそうじゃない？」と。

「嘘《うそ》でしょ」と思われるかもしれませんが、身長一六〇センチ、四八キロの私にも六歳児用の子供服が着れるのです。しかも、子供服にしかない独特の可愛いプリントだったりするのですから「めっけもん」とはこのことでしょう。

こうして私は、六歳児用のプルオーバーを二枚、計二〇フラン（1フラン＝約16円　二〇〇〇年四月十四日現在）で買いました。

丈《たけ》や幅には問題がなくても（かえってピチピチ具合がセクシー）さすがに袖《そで》の長さが短いので、さっそくリフォーム。ひじ下の長さに切って、ミシンで折り目を縫《ぬ》ってでき上がり！

〓古着屋の着物の裏生地で、シックな巻スカートを手作り

だからといって、一般の子供服店に行って自分の服を買うなんてことは一切しません。店に入って商品とそのプライスを見ただけで「ムンムン」してしまうからです（ムンムンとは頭にくる、という意味です）。「どうして子供服がこんなに高いの⁉」といつもあきれかえってしまいます。

でもリサイクルショップでは、思いがけない楽しい発見があって、人生の小さな幸せが感じられます。

私の友人の新ママンたちは、一般的にお祝いとして子供服をたくさんもらいます。そして、新しく何かが必要になった時にはリサイクルショップが強い味方になってくれるのです。パリの18区にある「ゲリソルド（Guerrisold）」は子供から大人までの古着の天国。涙が出るほど安いのです。そして「ゲリソルド」の常連である友人のデボラはこう言います。

「赤ちゃんの服がブランド品だったり新品だったりしてもしょうがないのよ。大切なのは肌に優しい素材。デザインやモチーフ（柄）なんて、どうでもいいの。ポイントは便利で暖かかったり通気性の良い服よ」

もっともですね。だいたい、彼女の可愛いマヤちゃんは何を着ても可愛いのだから。すでに「親ばか」(!?) のデボラママンはマヤちゃんの服に興味があるのではなく、彼女自身にメロメロなのだから。

彼女の言うところの、実用的なポイントを押さえた服は、リサイクルショップに行けばご機嫌なプライスでいくらでも探すことができます。

私の日本人の友達にとてもファンキー(個性的)なママンがいます。彼女、花代《はなよ》の娘は三歳で、お母さんと似ていてファンキーです。最近親子でパリに来た時に、娘の点子《てんこ》ちゃんのファッションに、思わず目が釘《くぎ》付けになってしまいました。

「点子ちゃん、ステキ、可愛い!」

彼女はママンお手製の、日本の着物の余った生地《きじ》でできた手作りワンピースを着ていたのです。もう、その素敵なことといったら!

実は、私も一年前の春に、むしょうに紫のシルクでできたスカートが欲しくなったことがありました。とはいっても、イキなデザイナーのショップを探してみても「私のために作られたとしか思えないような」イメージどおりのものは、もちろんありません。そこで「ゲリソルド」の着物コーナーに行ってみたのです(そう、庶民的なこの古着屋には日本の着物もあるのです)。表地の色や柄で気に入ったものはありませんでしたが、そんなことはどうでもよいのです。ポイントは裏地。そして、ラッキーなことに綺麗《きれい》な紫色の裏地の着物を見つけることができました。

さっそく家に帰って、それを巻きスカートに変身させました。これ、たったの三〇フラン。人生楽しくなるでしょう?

「気持ち」を癒《いや》す本当のショッピング

毎日コンピュータに向かって原稿を書いたり、雑誌を編集したり、取材をしている私も、たまには「ショッピングでストレスを解消した〜い!」という強い気持ちが湧《わ》いてきてムラムラします。

そんな時は(「エマウス」は家から遠いので)「アルメ・ドゥ・サリュ(Armée du Salut)」に行くのです。ここは「エマウス」と同じ発想の組織です。しかも商品の種類が多い。もちろん、土、日、月曜日に蚤《のみ》の市に行くという手もありますが、蚤の市というのは規模が大きくてスペースも広いので、時間的な余裕がないと行きません。開催される曜日も決まっていますし。

でもこの「ショッピングでストレスを解消した〜い！」という気持ちは曜日に関係なく現われるので、そういう時はコンピュータを止めて、さっそく「アルメ・ドゥ・サリュ」に行ってしまいます。三時間後には家に戻ってこれる、ほどよい気分転換タイム。しかも、すっきりとした嬉《うれ》しい気持ちで残った仕事を元気よく続けられる。単純ですね、私は。

リサイクル品や中古品を探しにいったり、ショッピングしていて楽しいのは「世界で一つしか残っていないかもしれない」という考えと「古いものに出会えた喜び」があるからだと思います。私が「エマウス」や「アルメ・ドゥ・サリュ」や「蚤の市」が好きなのは、さまざまな年代の商品と出会えるから。そこには庶民的ではありながら「時代の文化」の存在を感じないではいられません。

「これは私のために作られた」としか思えないアイテムが安価で見つかった時の喜びは、一般の店で買った時の喜びの一〇〇倍もある、と言ってもちっとも大げさではないのです。そんな喜びと、それから縁があって出会えた物を大切にしたい、という気持ちが「精神的に落ち着きのある生活」へと結びついてくるのではないでしょうか。

友達の家族が実践している「システムＤ」流のライフスタイル

友人のブルースとデボラは自由業。私もそうですが、多くの自由業の人は収入のほうは山あり、谷ありでイレギュラーです。よって、お金の使い方はサラリーマンよりもシビア。

二人は、パリのムフタール通りという市場のあるチャーミングな場所に住んでいます。ここ、５区は決して物価は安くはありませんが、知恵を絞れば、とても豊かで経済的に暮らせるのです。二人は特別に想像力があり、個性的なライフスタイルが魅力的です。

ここで、ブルースとデボラの「システムＤ」ライフスタイルのキーポイントをいくつか紹介しましょう。

＊アパルトマンの家具はすべて手作りとリサイクル

フランス人男性の多くは日曜大工を行ないます。ブルースは曜日関係なく、インスピレーションが湧くと家のインテリアとして便利な物を考えては作っています。彼の特徴は「物の存在、意味を無視して、それらをまったく別の物として考えること」。物に対する潜在意識を転用しているのです。

二人のアパルトマンの家具はすべて手作りとリサイクル。

たとえば、木のワインのケースは引き出しに早変わり。スーパーマーケットや酒屋のワインはダース単位で木のケースで運ばれてきます。当然、店はワインをばら売りするので、木のケースは不要となります。ブルースは定期的にそれらのケースをもらってきて、ある程度集まると、それで家具を作る。

彼は家の壁の一面に引き出しの家具を作りました。家具の芯《しん》の部分は木の板を使って自分で建て、ワインケースをはめ込み、取っ手替わりに縄を付けてでき上がり。

彼の家のＣＤケースも同じく酒屋でもらった木のケースをリサイクルしています。今度はワインケースではなくシャンペーンケース。これが、ＣＤを入れるにはジャストフィットのサイズなのです。

キッチンの容器置きも外で見つけた木を細長く切って壁に設置したもの。可愛い娘マヤちゃんのケア用のテーブル（おしめなどを替える時に使う台）も、壁に木の板を設置し、普段は壁と平行して設置されているので場所を取らず、使用する時に前方に引くと壁と垂直になる。

彼らのベッドも手作りで、場所を節約するために天井から吊《つ》っています。そう、ベッドの木のベースを丈夫で、かつ軽い木で作り、それを滑車のサスペンションの原理を応用して吊っているのです。

＊「みんなと同じ物を使いたくない」という発想

デボラは服や日常品をリサイクルショップや中古屋で買っています。

「だって、百貨店に行って、他の人と同じ物を買って皆と同色に染まりたくないもの」

もっともですね。女友達は、服を買う時には「クーカイ（Kookai）」や「ラ・シティ（La City）」「ザラ（Zara）」といった安くてトレンディーな店に行くけれど、「結局みんな同じ服を着てるじゃん」とデボラは言うのです。だったらリサイクルショップで本当に惚《ほ》れ込んでしまった服を買ったほうが価値があって嬉しいと。

＊一般用品はリサイクルでも、大事なものはクオリティーにこだわる

大人同士で服は交換し合わないフランス人も、子供服は譲《ゆず》り合ったりします。デボラは娘の服はリサイクル店で買っても、たとえば靴は必ず新品を購入することにしています。なぜなら幼い子供は足も成長の段階であり、すでに誰かが履いて靴の中の「形ができ上がっている靴」は健康的ではないという考え方です。

化粧品についても同じことが言えます。安かったり、デザインだけがチャーミングな化粧品は一切買わない。ちょっと高くても、健康的でクオリティーのある化粧品にはこだわるのです。

＊食材はマーケットとマルシェ（市場）を合理的に使い分けてショッピング

生鮮食料品（生もの）はマルシェで買う。マルシェが終わる三〇分前に買い出しに行くと、値引きされていて経済的なのです。他の生もの以外の食材は週に一回近郊のハイパーマーケットでまとめ買いをしています。

＊いらなくなった洋服はパッチワークの素材に

いらなくなった物はすぐに捨てない。リサイクルできる物とできない物を使い分ける。たとえば、いらなくなった洋服のボタン、ファスナー、チャックは外し、キープする。ワイシャツの袖《そで》下部分（つまりボタンのついている部分）を外し、ニットの袖につけるなどして服をリフォームする。厚めの生地の服でパッチワークして、マヤちゃんのカーペットを作る。

再利用不可能な服や商品はエマウスなどにあげる。
クリーニングでしか洗えない服は買わない。
本は図書館で借りる。
雑誌は友人同士で交換し合う。
必要なくなったら電気、電源を消す。

＊一歳半の子供を育てていく費用を生み出す

出費を抑《おさ》え、「システムD」のチャンピオンとも呼べるこの家庭。娘のマヤちゃんの食費、服代、必要な日常品を計算すると月二〇〇〇フランの出費となるそうです。また、保育園に入れる経費は（国からの手当金を除くと）およそ月二〇〇〇フラン。さすがにブルースとデボラはマヤちゃんが生まれてから外出を減らすようになり、レストランや映画、旅行に充《あ》てていたお金がマヤちゃんのケアに必要な経費へと変わりました。

ちなみに、フランスでは、赤ちゃんのできた家庭には国からの手当金として、一定の間、月九七五フランが自動的に支給されます。日本の場合は、子供ができると仕事と子育ての両立が難しいという話をよく聞きますが、フランスでは仕事を続けるママンがほとんどです。社会のシステムもそのためにさまざまな方法、法律を定めています。

たとえば、大中企業のサラリーマンは子供が生まれると「保育休暇」が取れます。この法律の魅力はパパもママも取れる、という点。子供が三歳になる年まで、計一年分の休暇が取れます。休む間は給料が出ませんが、この休暇の取り方はフレキシブルで、たとえばパートタイムで仕事を続けることができるのです。そして、休暇が終わると、元の仕事に戻れるという保証があります。この保育休暇以外に、サラリーウーマンは出産休暇として

（企業により）出産前二～六週間、そして（企業により）出産後六～一〇週間の休暇が取れる。この出産休暇は法律で定められています。この間はこれまでの給料のおよそ六五パーセントが支給されます。

＊「予算がないから遊べない」は間違っている

趣味や遊びに充てていたお金が子供に充てられているからといって悲しむのは間違いです。どんな親でも同じことを言うと思いますが、子供ほど幸せをプレゼントしてくれる存在はいません。

それでも「パパ、ママ気分」とは別の次元で大人として、カップルとしておおいに楽しみたいのです。たとえば、バカンスには遠出はできなくても、楽しむ方法はいくらでもあります（6章で紹介しています）。

「お金」不要のサービス交換システム

私は日本に住んでいた頃よりもパリに戻ってからのほうが、友人とサービスの交換をし合うようになりました。日本にいた頃は「何か頼むと格好悪い」という意識があったのでしょうか。パリではその意識はなくなり、周りの人でもサービス交換をし合う人がいろいろいることに気がついたのです。助け合いって格好悪くないんですね。暖かくて、しかもクールなのです。

二十一世紀の「システムD」を考えてみると、それは古い価値観を見直すこと。これからは人間が社会というものを定めた頃から存在する「助け合い」と「コミュニケーション」にもっと意識が向かうのではないかと思うのです。先進国の多くは消費力のパワーとともにこの二つの要素を忘れかけてしまっているのではないかと。「見栄」と「プライド」が先行してしまって、大事なことを忘れかけている。

フランスでも日本でも、最近「ＬＥＴＳ」が話題を呼んでいます。「ＬＥＴＳ」とは

Local Exchange Trading Systemsの略。つまりローカルな地域内で「サービス／もの／知識」をお金を媒介しないで交換し合うというシステム。このレッツを考えたのはスコットランド人のミカエル・リントンという人で、八〇年代にこのシステムを実施し、世界中で広まりました。

フランスでも一九九四年にこのシステムが始まりました（フランスでは「SEL」(Système d'Echange Local) と呼ばれています）。

では、具体的にレッツ、もしくはセルはどういったシステムなのでしょうか？

参加者は自分が「売るもの」を設定します。それは多くの場合、商品ではなくサービスなのです。これが特徴なのですね。たとえば私は「日本語のレッスン」を提案できます。それが私の「売り物」とする。この時、私は台所の壁のペンキ塗りをやってくれる人を探しているとする。セルの他の参加者の提案する「売り物」をチェックしてみて、もし「ペンキを塗ってくれる人」が「日本語のレッスン」に興味がなければ、それはそれでいいのです。

このセルを仕切るのは協会であり、各自がオファーできるものやサービスに対し、「紙幣」を持っています。つまり、私は「日本語のレッスン」を誰かにプレゼントすると、その人から「紙幣」をもらい、その「紙幣」で誰かからのサービスがいただけるのです。つまり、ひと言で言ってしまえば「お金が発生しない交換システム」。

フランスでは九七もの県で三二一のセル協会が生まれました。セルと似たような組織が他にもあります。一九九二年に、ボルドーの「SOS21」という協会は失業者の社会復帰のために「Banque du temps」（時の銀行）というシステムを考えました。参加者は「Chéque Heure」（一時間小切手）という「紙幣」を持ち、それでサービスを交換し合うというもの。セルと同様に協会は定期的にすべてのサービス、ものをリストアップし、発表します。

セルに参加するには、一〇〇フランの会費（この会費が協会の運営金となる）を払って自分の「売るもの」を発表すること。後は協会から「紙幣」をもらい、協会が発行する「売り物のリストブック」を参考に他のメンバーと交換していくのです。

eko range joyeusement sa maison

2

「快適でセンスのいい部屋」のための贅沢な節約生活

Système D pour une maison élégante

再び「パリジェンヌ」になった時のカルチャーショック

私はパリで生まれ育ち、一八歳の時に日本に渡り、八年間東京に住みました。社会人として働きはじめたのも東京です。それから二六歳になる年にパリに拠点を移しました。東京に滞在した八年間、私は年に二、三回パリに戻って家族と一緒に過ごしたり、インタビューのための取材をしたりと、単純にパリの空気を吸っていました。つまり、それまではいつも旅行気分でパリ滞在を過ごしていたのです。

ですから、二六歳になった時に東京からパリへ大引っ越しをした時こそ、パリを再発見したといえます。

短い間ではありましたが、ボーイフレンドの家に泊まった時のカルチャーショックが忘れられません。彼はおよそ一五〇平方メートルの広いアパルトマンを友人三人と一緒にシェア（家賃を分担する共同生活）していました。そう、フランスに限らずヨーロッパでは三〇代の未婚の人は大きなアパルトマンを三、四人でシェアし合うケースがあります。それは単純に家賃が高くて狭いアパートで一人暮らしをするよりも、広い場所を複数で分け合うほうが経済的だから。もちろん各自個々の部屋を持っています。

そのアパルトマンの彼の部屋に入った瞬間、びっくりしてしまったのを覚えています。そこには大きなベッドと小さなテーブル、それしかなかったのです。本もCDも服もほとんどない。いやいや、誤解しないでくださいね。彼は本も読まない、音楽も聴かない教養のない人ではないのですよ。失業者でもないのです。

「どうしてこんなに物がないの？」

「なぜ？」と聞かれた彼は「僕は物欲主義ではないから」とひと言で言い切ったのです。後でわかったのですが、彼は本を買って読み終えると、それを友人にプレゼントするのです。逆に新しい本は友人にもらったり貸してもらう。CDはまったく買わず、友人同士で貸し借りをする。服は必要になった時だけ必要な物だけを買う。これが彼の快適なライフスタイルなのです。

そんな彼とつきあっていくうちに、私も「何も買わなくても豊かになれる」という考え方を覚えたのです。

「和風」リビングルームのすすめ

パリへ帰って、アパルトマンを見つけ、いざ引っ越し。一緒に住むことにしたボーイフレンドは、内装はほとんど私に任せてくれましたが、ただしこれには条件が一つありました。

リビングルームには洋式のテーブルと椅子を使わないこと。

こういうと、彼のインテリアの好みとして聞こえなくもありませんが、そうではありません。彼は単純に和風スタイルが好きなだけではないのです。低いテーブルとお座布団《ざぶとん》風の大きなクッションを使えば、部屋が広く感じられるし、何よりもすっきりするから。これが大きな理由です。

とはいえ、一般的なフランス人にとってお座布団はつらい。なので、私は木でできた三人掛けのソファの足を切るという、思い切ったリフォームを試《こころ》みました。リビングに置く低いテーブルの高さに合わせてみたのです。

リビングルームは住む人の快適さが大事ですが、家に招《まね》いた人にとっても心地よくないといけませんよね。家にフランス人の友人がたくさん来る時のために、日本のお座布団の三倍の厚さのクッションをいくつか作っておきました。このように「格好」だけではなく、本当の「心地よさ」を考えると、自然にアイディアって湧《わ》くものなのです。

フランスの家が素敵な理由

フランス人はどうしてあんなにファッションだけでなく、インテリアに対してのセンスもいいんだろう？

日本の方がよく言われる「憧《あこが》れ疑問」についてお答えしてみましょう。

答えはひと言で言えば、センスの善《よ》し悪《あ》しではなくて「空気」なのです。フランスの古典的なアパルトマンは中に何も入れていない（からっぽな）状態からすでに素敵なのです。

前世紀初めに建てられたアパルトマンには天井の装飾帯、壁下の柱脚（幅木）や黒い練鉄のベランダが魅力的な空気を作り上げています。フランス人がどんなに頑張ってお布団を買っても、日本の花瓶《かびん》を飾っても、日本家屋の魅力が作り上げられないのと同じように、日本のどんな洋式のマンションでも、このフランス特有の一〇〇年の歴史を持つアパルトマンの素敵な年季は再生できないと思うのです。

賃貸のアパルトマンか、郊外の一軒家か

そのアパルトマンですが、パリは決して物価が安くありません。よって、アパルトマンの家賃も安くありません。引っ越しを考える時のアパルトマン選びの基準の一つは、広さと家賃の比較。パリでは地区によって物価が異なりますが、一般的には四〇平方メートルのアパルトマンの家賃は四〇〇〇フラン（一フラン＝一六円、約六万四千円）というのが平

均的な計算の目安です。もちろん、物価の高い16区と物価の安い18区とではピンキリで異なりますが。長年同じ賃貸アパルトマンに住んでいる人は年間の家賃を考えるとムラムラっとする人は少なくありません。

「こんなに高い金を払うんだったら、いっそのこと買ったほうがお得なのではないか」と思うのです。

参考のため、一九九八年のフランスの一般企業の一般サラリーマンの平均月収は一万三六六〇フラン。手取りは一万九〇〇フラン。家庭の平均貯蓄は月収のおよそ一五パーセント。そして多くの貯蓄は住宅貯蓄です。

フランスでは、「マイホーム」「マイアパルトマン」をローンで返済する場合、平均的な返済期間は一五年〜二〇年。具体的には、五〇万フランを銀行から借りた場合、返済期間が一五年の場合、月々の返済額は四二一九フラン。率は六パーセント、という平均の統計です。

パリジャンの多くは郊外の一軒家には魅力を感じません。パリジャンはパリジャンであり、こだわりがあるのです。よって多くのパリジャンは「マイホーム」「マイアパルトマン」の購入を真剣に考えた場合、二つの選択肢があります。

一つは高くても頑張ってパリでアパルトマンを買う。あるいは田舎《いなか》で別荘を買う、という発想になるのです。

「マイホーム」「マイアパルトマン」の購入の際は当然のごとく一〇〇パーセント、クレジットを許してくれる不動産屋、銀行は珍しい。頭金の準備、そして自分の収入が定期的であることを証明する必要があります。

では、五〇万フランでどのくらいの物件が買えるのでしょうか。興味あるところですね。これもパリの地区によってピンキリですが、平均的には二〇平方メートル〜四〇平方メートルのワンルームもしくは二ルームのアパルトマンを買うことができます。では、一五年ローンとして、ひと月の返済額に近い四二〇〇フランの家賃で借りられる物件はどのくらいなのか？　これは二五平方メートル〜四五平方メートルのアパルトマン。ほとんど同じような物件ということになるわけです。考えさせられるでしょう？

「自分に似ていること」がセンスのいい部屋の条件

アパルトマンだけではなく、街の空気が違います。パリは世界で最も美しい街だと言われています（もちろん、東京も素敵ですが）。そう、パリは街の建築とアパルトマンがある程度美しく、全体のバランスがとれているのです。

からっぽの状態ですでに雰囲気のあるアパルトマンは、よっぽどセンスが悪くない限り、何を置いても素敵になってしまうのです。蚤《のみ》の市で見つけた古いソファやテーブルを置けば、それだけでムードが出て魅力的です。そう、フランスの場合、「アパルトマン」や「街」がすでにセンスを持っているので、それに合わせて自然に内装を考えると、お金がなくても魅力的になるのです。

しかし、街や建築物の雰囲気の問題なら、もうどうしようもないとここであきらめてはいけません。大事なのは「パリっぽいお洒落《しゃれ》な部屋作り」ではなく「心地よく、自分に似た部屋作り」なのです。これこそ、パリジェンヌのセンスの秘訣なのです。

日本のファッション雑誌で「私のお部屋のパリ風演出方法」なんていうタイトルを見かけますが、わたくし、実は「演出」という言葉が大嫌いなのです。人生、演出よりも「あり方」が大事だと思いませんか？　演出って嘘っぽくて、表面的でチープなのです。

だから変な真似事《まねごと》演出はポイッと捨てて、もっと大切なことに集中すれば、本当にあなたらしいセンスの空間作りができるのです。それで、「パリスタイルの雰囲気」でいただける要素があれば、いただけばいいのです。とにかく、空間は貴方《あなた》のものであり、インテリア雑誌の記者に見せるためのものではないのです。上辺《うわべ》では意味がないのです。

ここで、パリジェンヌのお洒落のセンスについてちょこっと触《ふ》れましょう。パリジェンヌの特徴というのは、服のセンスでも、インテリアのセンスでも「いかにも頑張った」というところを見せない部分にあるのです。

彼女たちパリジェンヌはファッション雑誌で紹介されるコーディネーションと同じになりたくないのです。日本の逆かもしれませんね。雑誌のモデルをそのまま真似《まね》しないのです。あくまでも雑誌はトレンド情報のソースであり、それを意識しつつ、自分らしいコーディネーションを考えるのです。トータルルック・コーディネートほどパリジェンヌにとって格好の悪いことはないのです。

「いかにも頑張りました」ではなく、ちょっとした自分ならではのアレンジを加えた何気ない雰囲気がシャープな女性、そしてトレンドに流されず「自分を持っている」女性が素敵なのです。

自分をよく知る、というのは大事なポイント。

誰にだって欠点があっても、その人にしかない魅力があるのと同じように、欠点よりも「魅力」の部分を増やしてみるという考え方をしてみてはいかがでしょう。

わが家を訪れる友人たちに「絵子はセンスがいいから」と嬉しい褒《ほ》め言葉をもらうことがありますが、それは私が美しい街に住んでいる、それから雰囲気のあるアパルトマンに住んでいるからではないのです。それだけでセンスが磨かれるとしたら、こんなに楽なことはありません。

私の場合は、自分の欠点をよく知る、人や物を大切にする、自分にとって何が最もシンプルで大事なのか、とにかく自分をよく知るという、もっとも基本的なことを大切にしているだけなのです。

＝「私の部屋」は自分自身の「鏡」

ボーイフレンドが私と一緒に暮らすようになってからというもの、彼は、「君はどうして後片づけができないのだろうか？」というのが口癖になってしまいました。私の大きな欠点を発見されてしまったのです。こうした「整理整頓ができない」「片づけが得意ではない」という症候群をフランス語では「ボルデリック（bordelique）」といいます。そこで、いくら口で言ってもなかなか改善されない私に業《ごう》を煮《に》やした彼は、私の目の前で紙に書いて次のようなルールをいくつか定めたのです。

＊リビングルームにはリビングルームに関連した物しか置かない

つまり仕事に関連した物（バッグ、資料など）や衣類を一切置かないということを徹底することになったのです。くつろぐことが最大のテーマであるリビングには、その邪魔をする物をできるだけ何も置かないようにしました。

＊日常に使うお皿やお碗《わん》、ナイフやフォークなどの食器を各自ワンセットのみに抑える。そして使い終わったらすぐに洗っておく

自慢ではないですが、私は素敵な食器をたくさん持っています。誰しもそうだと思いますが、素敵な食器を見ているだけで幸せな気分になってしまうことがありますよね。でも、確かに彼の発想は正しい。そこで、私は日常の食器を選択し、他の食器をあえて手の届きにくい場所に移動しました。

＊いつ友達が来ても恥ずかしい思いをしないように整理しておく

これは当たり前なのですが、実際に実行するとなると、なかなか難しいものです。居心地のいいはずの空間が「豚小屋」になるのを待たずに、日々整理する習慣をつける、つけなければ……それが肝心。

「部屋が狭いから素敵な演出ができない」は言い訳

日本に行ってとても驚いたのは、日本人の家の雑然さです。私の「ボルデリック」さに負けないほどにいろんな物が出て散らかっている。私は『東京スタイル』という写真集が大好きです。これは、東京に住むいろんな人たちが生活している部屋の写真集です。この写真集が魅力的なのは「東京の空気」がたくさんつまっているから。東京の人の忙しさ、疲れ、暖かさ、活気、パワーが伝わって、親近感を感じられてとても気に入っています。

そこでも日本人の部屋の素晴らしい散らかり具合がはっきりと見てとれます。

フランス人にとって「独自のアイデンティティーを持つ」ことが大事だというのは前にも述べましたが、当然のごとく、家も各自のアイデンティティーの象徴なのです。そしてインテリアは私たちの個性、知性の鏡なのです。

では、どうして日本の場合、散らかりっぱなしにしておく人がたくさんいるのでしょう。それはきっと、フランスに比べて日本人はあまり家に人を招かないことに理由があるからだと思います。「誰に見られるわけでもないし、片づけなくても、まあいいか～」と思っている人は意外に多いのではないでしょうか。

「いやいや違う、日本のほうが家が狭いのだから物がたまるのは当たり前」と反論される人も多いかもしれませんが、それは単なる言い訳にすぎません。フフフ、だまされないぞ、私も長年東京に住んでいたのですから。

フランス人も日本人も同じです。みんな「もっと広い家に住みたい」という欲望を持っています。そうです、狭いスペースを嘆《なげ》いているのは、日本もフランスも何ら変わりはありません。

ポイントは、嘆くことよりも、今住んでいる「限りあるスペース」をどうしたらすっきりと変身させせることができるのか？　ということ。

すっきりさせることさえできれば、狭い家も心地よくなるものです。

私はボーイフレンドが提案してくれたルールを守っていくうちに、家のスペースの使い方、家のケアに対する考え方、そしてショッピングの仕方まで自然と変わっていったのです。

後悔しないインテリア・ショッピング＆収納アイディア10

1　アクセサリー的な物を買わない

そう、ただでさえたくさん物を持っているのだから可愛いだけの意味のない商品を買わない。女性なら、チャーミングな物を見つけるとすぐに買ってしまいたくなりますよね。でも、買う前にそれが自分にとって、日常の中で本当に必需品なのだろうか。それが安くても高くても、本当に魅力があるのだろうか、と考えるようになりました。そうしていくうちに、「キャー、可愛い！　買っちゃおう！　ショッピング」がかなり減ってきました。

2　一生使えて、一生素敵だと思えるクオリティーの物しか買わない

これに関してはさまざまな例が上げられますが、たとえば花瓶《かびん》。市場には花瓶はお値段もスタイルもピンからキリまでありますよね。今流行《はや》っている××スタイルなんていうのは相手にしないで、高くても自分らしい物を選びたい。バカなデザインの適当な花瓶を五

つ持つなら、「自分のためにしか作られていない」と思える花瓶を一つ持ったほうがいいと思います。蚤の市で見つけた二〇年代でも七〇年代でも（年代はあなたのセンスによりますよね）、現代のデザイナーの作品でも、とにかく「惚《ほ》れてしまった」アイテムを選びたい。その他の花瓶はアルミのシンプルで安い物で充分チャーミングだと思いませんか？

3 部屋の雰囲気（イメージ）を壊《こわ》すようなインテリアは置かない

たとえば、私の理想的な部屋のイメージというのは、とにかく物が多すぎない空間。ソファが大好きなので、違ったスタイルのソファでも、みんな「惚れて」買った物なので、自然とみんな和《なご》むのです。リビングには、そんな「惚れて買ったソファ」と木の低いテーブル、そして綺麗《きれい》な花瓶、綺麗な花、綺麗な灰皿、天井には長年かけてやっと見つけたちょっと個性的なシャンデリアを置いています。でも、それ以外は何も置かないようにしているのです。

とにかく、私は本当に気に入らない限り物を買いません。天井にシャンデリアがなくたって、全然いいのです。そのかわり、「これだ！」と思う物に出会うと喜びが一〇〇倍にも膨《ふく》れ上がります。

4　雑貨を買う前に、収納を考える

なんといっても、私たちはすでに山ほどの雑貨を持っているのだから、それらを増やすよりも、まずは持っている物を入れる収納を考えることが先決。家がゴチャゴチャしてしまっている理由は単純です。収納スペースと持っている物のバランスがとれていないからなのです。

5　インテリアの雑誌やお洒落なショップによく紹介される、洋風の可愛い置物やタンスにだまされない

そう、家具のデザインが可愛いからといってそれらが便利かつ合理的だとは限りません。何も置いていない、何も収納されていない家具はインテリアとしては可愛い。けれど、いざ物を置いたら中途半端だったりすることってよくありませんか。最初のイメージとどうも違うということが。だから、便利で合理的な家具を選びます。

6　目に触れるもの（外に出す物）と隠しておくもの（しまっておく物）を区別する

貴重な物、美しい物は見せたい。そういう物は、思う存分見せましょう。しかし、それ

以外の物は収納を考え、片づけます。

ちなみに私は、ドアの付いている収納家具をよく選びます。なぜなら日常品は、見た目にはビジュアル的に美しくないからです。たとえば、私の仕事部屋には資料、本、雑誌が山ほどあります。はっきり言ってどんなに片づいていても見た目には美しくありません。でも、いつも取り出している物をトビラのついている棚に入れてしまうとなると、不便です。

だったらどうするか?

私はそれらを巨大な本棚に入れています。そしてゲストが家に来た時には、部屋をすっきりと見せるためにちょっとした工夫をしています。

硬めで厚めのしわにならないオフホワイトの生地を買い、たんすの幅と長さ（プラス五センチ）に切ります。たんすの幅のサイズの直径一センチほどの木の棒に生地の上の部分をクルっと五センチ分丸めて縫《ぬ》って、たんすの上の幅の両側にヴィス（画鋲《がびょう》）を止めて、そこにこの手作りカーテンを乗せるのです。

ポイントはカーテンのようにヒラヒラしないこと。硬い素材だからこそ、ストーンとまっすぐのままで、見た目がすっきりとします。取り外しが簡単なので人が来た時には、さっとつければ「舞台裏」は見えずに、表舞台の素敵なところだけ演出できるという具合です。

7 必要のない物は処分する

だって本当にいらない物がたくさんあるんですもの。捨てるのも、人にプレゼントするのも、チャリティーの協会に贈るのもいいでしょう。

私にとって捨てる物というのは、もう何の魅力もない物。使っても飾っても意味のない物。ガラクタ的な物や大昔に買った服。プレゼントできる物は本やCD、アクセサリーなど。

みなさんはガレージセールを体験したことはありますか？　これは実はとても楽しいものですね。フリーマーケットにはよく行っていたものの、これまでは買う側ばかりで売る側の経験のなかった私。ある日、友人のデボラから電話があって「5区の区役所がオーガナイズするフリーマーケットに出品を申し込んだけど、一緒に参加しない？」と誘われました。その時は、たしか使用するスペース一平方メートルあたり一〇〇フランの参加費（三平方メートル分として三〇〇フラン）を出しました。彼女は大きめのスペースを借りて、私ともう一人の友人とでスペースを分け合いました。

家にあった「いらない物」（七〇パーセントは服、他はCD、日本に帰った時に買ってしまったくだらないキーホルダーやおもちゃや文房具用品など）を集め、フリーマーケットに出し、最終的に三分の二を売って、出資した三〇〇フランの一二倍の収入になったという計算になります（ちなみにこの「臨時収入」は、その後東京へ行った時の経費の一部として活用しました）。

こうして、フリーマーケットのおもしろさに目覚めてしまった私は、それからというもの年に一回は、必要のない物を処分しています。このフリーマーケット体験のおもしろさは、いらない物が臨時収入に変わるということだけではありません。

売る側を体験することによって、さまざまな人種のお金の使い方をかいま見ることができることもその一つです。たとえば、中国人やアラブ系の人はものすごくねぎってきます。そしてフランス人はあまりねぎらないけれども、何度も手に取ったり、服の場合着てみてから買うかどうかを決めます。人のお金の使い方を観察するのは、なかなか勉強になるものです。また、物を思いきって処分するのは「頭のすっきり整理」としても、精神的に大変気持ちのよい運動になります。

8 「無地《むじ》」は私たちの強い味方

生地やデザインなどの柄は個別で見るとチャーミングだったりしますが、部屋の中に柄のついている物がたくさん集まるとゴチャゴチャして醜《みにく》いものです。

ちなみに、私の部屋はオフホワイト、クリーム色の「無地」がポイント。

カーテンの下のフリフリ（フリンジ）部分や食器や花瓶の柄は、薄いブルーでコーディネートしています。ただし、これらの柄は、ポイント程度で最低限に抑えています。

9 部屋はシンプルすっきりコーディネーション、そのかわりお手洗いは派手派手爆発の場に

フランスのお宅のお手洗いはとても楽しい。個性的に演出する人がとても多いのです。

実際に私も、人からバカげた可愛い小物（いわゆるガラクタ、小さなキューピーちゃん人形やおもちゃの水鉄砲、可愛い消しゴム、変な形の石鹸《せっけん》などパッケージごと）をいただいた時には、それをお手洗いの壁に張ったりします。だって、寝室やリビングルームにそれを飾っても醜いだけだもの。この、お手洗いの演出はかなり楽しい。男性の立った時の視線と、女性の視線は逆なので、トイレ全体を小物でディスプレイすることで大いに遊べます。私は好

きな写真も全部お手洗いに飾っているので、毎日ゆっくり見ることができて楽しめます。しかも、他の部屋は写真スタンドを飾らない分だけまたすっきりするのです。

10　リサイクルを楽しむ（時間が許す限り）。自分で作れる物は買う必要がない

ここでは、お金がなくても自分で作れる物、リサイクルできる物を紹介しましょう。

◇着なくなったニットでクッションカバーを作る

そのニットにポケットやボタンがついていたら、その部分を使う（ただし、ボタンは脇に使いましょう。座って痛い思いをしてはいけないので）。とても個性的な「ワンポイント」になります。

◇厚手の綿を重ねてキッチン用の手袋を作る

手袋（親指だけは形を作って他の指は大きな円形）の形に縫って、キッチンの熱い物を取り出したり運ぶ手袋として使う。

◇ダンボールでランプのかさを作る

小さな穴を開けると光がもれて美しい。

◇割れたせともので額縁を作る

割れているものをさらに小さく割って、木の薄い板や硬いダンボールの周りに無造作に貼って額縁を作る。

◇脚が一つ壊れたテーブルで玄関テーブルを作る

そのテーブルの板の部分を横半分に切って、脚が二ついている側を前方に、脚のついていない板の部分を壁にくっつける。すると奥行きのあまりない、チャーミングな細長い玄関テーブルに早変わり。手紙や電話やメモ帳を置くと便利。

◇たんすの引き出しで壁に設置する収納小物入れを作る

いらなくなったたんすの引き出しは捨てずに、中に板を一つか二つはめて、それをキッチンもしくはお風呂場の壁に設置すると便利な小物入れになる。横に出っ張る取っ手の部分はそのままキープして、そこにエプロンやナプキン、バスタオルをひっかけてもいい。ただし、綺麗な色のペンキを塗ったほうが美しい。

「お別れの品」が誰かの部屋のインテリアとして生まれ変わる

ソファやベッドなど大きな家具を処分したい時は「エマウス」か「アルメ・ドゥ・サリュ」に電話をし、日程を決めて外に出しておくと取りにきてくれます。しかし、ここはパリ。フランス人は外で捨てられたものは、気に入ると遠慮なくもらって帰ります。人目なんて、ぜんぜん気にしないでそれは堂々ともらっていくのです。夜中に出して、明くる朝トラックが来る前に半分以上がなくなっているということも珍しいことではありません。私も捨ててある物をいただくことがしばしばあります。

たとえば、今この本の原稿を書いている私が座っている座り心地もなかなかのチェア。

このクルクル回る肘《ひじ》つきの六〇年代アンティークチェアも、誰かが「お別れの品」として捨ててあった物を外でいただいてきたアイテムです。こうして見回してみると、この家には外で拾ってきた物が少なくありません。写真を撮って見せたいくらいです。……と思い立ったので、いくつかご紹介してみましょう。

◇花屋が店終《じま》いをして内装の不必要な物を捨てていた時に見つけた鏡

鉄でできたこの鏡は周りの練鉄の形が大変美しく、完全に錆《さ》びていたのです。しかし、その赤茶系の錆びが逆に美しく、そのまま錆びを残して壁が汚れないように固着スプレーをかけてみました。

◇外で見つけた電気スタンド

ランプのかさの形は最悪でも、スタンドがシンプルで古い鉄でできていたので、かさをはずし、かわりに小さな植木鉢をかさがわりに使ったのです。

私の住むアパルトマンの玄関には、定期的にチャリティー協会の収集のチラシが張られています。

「何月何日にこの玄関にいらなくなった物を袋の中に入れてください」と書いてある。それはある時は服のリサイクルであったり、ある時は靴だったりします。また、一九八四年から住宅地の裏場には「エマウス」特設古着入れがあり、この大きなボックスの中に古着を入れるシステムも定着しています。「エマウス」ではこうしたリサイクルシステムから上げられる収益を失業者雇用にも役立てています。

これはフランスの日常の中に自然にとけ込んでいる馴染《なじ》みのある光景であり、一つの常識でもあるのです。

キッチンはわが家の顔

キッチンは家の「顔」だと思います。シンプルで合理的なキッチンにはみんな楽しく集まりますが、ゴチャゴチャしていては、誰も入らなくなり、「いいや、今日は出前にしよう、レストランに行こう」で片づけられてしまいますね。

キッチンこそ、お洒落なインテリアのコーディネーションよりも機能性を優先したほうがよいと思います。キッチンの内装のコーディネーションは使う人に似るので、この空間を愛する人はきっと自然と魅力的な空間に作り上げていくに違いありません。

ここで私が考えたシンプルで簡単な七つの「キッチンルール」を紹介しましょう。

1　目隠しカーテンはつけない

ときたまキッチンのゴチャゴチャした料理の材料を隠すために棚にカーテンをつける家庭を見ますが、それはまったくおすすめできません。不便な上にキッチンでは油汚れが想像以上に多いので、カーテンの生地がベトベトになってしまいます。

前にも書きましたが、とにかく収納する物に合った食器棚を使いましょう。「可愛い」とか「ファッショナーブル」とか「素敵なデザイン」は忘れましょう。キッチンはとにかく便利でなきゃ。便利で合理的だからこそ美味《おい》しい料理を作りたくなります。

2 キッチンの床掃除を簡単にする方法

キッチンの床は他の部屋と比べ、すぐに汚れたり、散らかったりしますね。コーヒーカップに入れた砂糖が床にこぼれたり、パイを作る時に小麦粉が落ちたり、そんなこと、よくありませんか？

私のキッチンの床は石畳で素敵なのですが、油汚れが簡単に取れない上に石の間にゴミが残って、定期的に時間をかけて掃除しなければ、とても素足で出入りできない状態だったのです。そこで、「そんなの、やってられない」と思い、お風呂場の家具用の装飾防水シートを買ってキッチンの床に張ったのです。ビニールなので汚れるとさっと拭《ふ》けばピンピカピン。これで以前は三〇分以上もかかった床掃除が五分で済むようになりました。

3　食器棚には足輪をつける

とにかくキッチンは汚れるためにある空間なのです。年に何度か大掃除をして、キッチンの食器棚をどかして裏を掃除しようと思ったら恐ろしい発見をしたという覚えはありませんか？

私は軽めの食器棚にはストッパーつきのルーレット（足輪）をつけています。日常的に移動させることが簡単で掃除も楽々になります。

4　使用頻度の高い調理用具は目につく壁に並べる

定期的に使う調理用具（大さじ、調理用の菜箸《さいばし》など）は壁に並べます。手の届きやすい場所に置き、外に出しておく。そうすると自然にそれらを綺麗に洗っておくという習慣もつきます。

5　同居人には収納場所を教えておく

一緒に住んでいる人に、何がどこに収納されているのかをちゃんと説明する。これ、簡単なことなのに、忘れていませんか？　ボーイフレンドに、「今日の皿洗いは僕に任せて」

と言われて喜んで、後で見たら収納の仕方がメチャクチャだった、ということ、ありますよね。また、パーティーの日に「あれっ？　グラスはどこだっけ？」と、こっちが友人と夢中で会話をしているところをお邪魔されることってあるのです。時間の損になりますので、相棒には収納場所をしっかり教えてあげましょう。

6　定期的に食器棚をチェックする

食器棚や棚にある食品や調味料の賞味期限をチェックしましょう。これだけでもかなり限られた場所を広げることができます。賞味期限をチェックして、そろそろ、という材料はどんどんお料理に使いましょう。ゴミを増やしては地球がかわいそう。もう少し問題意識を持つことが大切です。

7　仕事場の収納小道具をキッチンに活用する

仕事場で使うプラスチックの引き出しつきの透明な収納ケースをキッチンの収納として使ってみてはいかが？　ルーレットも付いているし、半透明で醜くありません。かえってキッチンに使うとお洒落だったりする。ガス台からなるべく遠ざけて油汚れでいっぱいにならないように配置してみます。これ、変なカーテンつきの食器棚よりも合理的だったりします。ナプキン入れ、ゴミ袋入れなどとして使用するのも便利。

キッチンから出た不要品のリサイクル・アイディア

キッチンから出るゴミというのは、生ゴミ以外にもそれはたくさんありますよね。特に不燃物はかさばるので困ってしまうし、もしかしたらこの瓶《びん》は何かに使えるかもしれないからとっておこうと思っているうちに、結局何も活用しないで捨てることになってしまうことってありませんか?

ここでは、ゴミを素敵なキッチン用品に変身させてみましょう。

◇コーヒーの瓶《びん》をパスタケースに変身させる

コーヒーの瓶はとっておきましょう。綺麗に洗って、乾かして、中に乾燥パスタを入れてみてはいかが？　パスタって、いろんな形がありますよね。小さくて可愛いのが。でも、買って一部は料理に使ったけど、残りはそのままにしておくと、袋が開きっぱなしでしかもどれくらい残っているのかがわかりません。だったらいっそのこと、コーヒーの瓶に入れれば一目でわかって便利になります。

◇キュートなジャム瓶はお砂糖入れに変身させる

フランスのガラスのジャムの瓶も捨てないでお砂糖入れにするのもキュート。パスタと同じように、透明だから、残っている分量がすぐわかります。

◇缶詰の空き缶はシンプルなフォークナイフ入れに変身させる

缶詰も、紙のパッケージングを外すと結構捨てたものではありません。フォークやナイフ入れとして使うのはいかが？　そのかわり、乾いた時の収納として使いましょう。濡《ぬ》れていれば錆《さ》びてしまうから。

◇植木鉢を調理用具入れに変身させる

菜箸やオタマ、フォークとナイフなどを、綺麗に洗った後の植木鉢に入れるのもチャーミング。底の穴から水が流れて便利です。

◇古いレコードをスパイス収納のヒーローに変身させる

はっ？　と思うでしょう。ちょっと想像してみてください。スパイスの小さな瓶を棚に置いたのはいいけれども、たくさんありすぎて、奥に何があるのかわからない。奥にある瓶を取るためにいちいち前方にあるのを取らなければいけない、ということはありませんか？　そこでレコードが登場するのです。レコードでも丸い木の板でもいいのです。ボールベアリング（回転部受け）のシステムで奥ゆきのある棚に設置して、その上にスパイスの瓶を置けば、台がくるくる回って、スパイスが取りやすくなります。

＝一輪の花で部屋は生まれ変わる

お花は一輪だけでもあるとお部屋が輝きます。私はアマリリス、バラ、ユリ、アイリスが特に好き。ユリはひと枝だけでも、その香りが部屋中漂《ただよ》って最高です。

ある日、ヴァレリー・ルメルシエという女優のインタビューをするために彼女の家に行ったのです。彼女は洗濯中で、「ごめんなさい、この洗濯機、調子が悪いので、ここでインタビューをしてもかまいませんか？」と言われ、キッチンでコーヒーとクッキーを食べながら取材をしたのを覚えています。

その時の彼女のキッチンのお花の飾り方がキュートだったこと。マーガレットを一束買って（二〇本くらい）短く切って普通のガラスのコップに一輪ずつさして、コップ二〇個を窓の下に置いていたのです。シンプルで可愛いでしょう？

お花は飾り方がたくさんあるので楽しいですよね。

私はパーティーをする時は綺麗な赤い薔薇《ばら》と白いマーガレットを一本ずつ買って、綺麗な浅いボールに水を入れて、花びらを分けて浮かべるのです。赤い大きな薔薇の花びらと細長い白いマーガレットの花びらのコーディネーションがシンプルシック。低いテーブルに置くと効果的です。これだけで部屋に優しいムードが生まれます。
それから、こんな物を花びんとして使っても素敵です。

◇香水ボトル

ヴァレリー・ルメルシエの例をちょっとアレンジして、使わなくなった香水のボトル(シャネルNo.5なんて最高)にとっても大きなつぼみの花を一本だけ入れるというのも好きです。小さな瓶と大きな花のアンバランスが気に入っています。

◇オリーブオイルの瓶

四角く細長いオリーブオイルの瓶も綺麗ですね。こういった瓶にはアイリスを飾ります。

◇キャンドル

直径五センチの太い白いろうそくの真ん中の芯を直径一センチ、深さ一〇センチくらいに掘って、中に水を入れてアイリスを飾るのも好き。

◇食べ終わった後の「卵の殻」

フランスの定番朝食やちょっとお腹が空いた時に食べるものに、半熟卵があります。これは半熟に茹《ゆ》でた卵の上を一センチくらいカットしてエッグカップに乗せて、パンを中の卵につけていただく(ちょっとゴージャスな場合には、そのカットした上にキャビアを乗せていただくということも……)というものです。この殻を利用してみましょう。食べ終わった後、殻を綺麗に洗って、その中に水を入れるのです。そしてお花をアレンジする。たくさんディスプレーしても可愛い。エッグカップがない場合には、お気に入りのお皿に少量の土を盛ってそこに卵の殻を固定させても応用できます。

その他にも、お花を適当な瓶に入れ、その瓶を大きな葉っぱで包み、緑色のリボン状の布で留める、花瓶自体をラッピングしてしまうというアイディアも可愛い。

また、意表をつくアレンジの方法としては、透明の大きめのガラスの花瓶に水を入れ、その中に長い葉っぱをいろいろ入れてみましょう。完全にそれらを外に出っ張らないように水の中に閉じこめてしまうのです。とてもアクアティックでフレッシュな雰囲気になる。

　このように、家にある道具を使って、お花一輪だけでも、素敵に演出するには想像力さえあれば、いくらでも楽しめます。大事なのは、綺麗な花の本に紹介されるゴージャスなお花のアレンジの真似ごとよりも、自分に合った、自分らしい飾り方を考えることなのです。

EAU
elle boit direct
à la bouteille

3

「自分らしいファッション・美容」のための贅沢な節約生活

Petites astuces pour être belle
et bien dans sa peau

洋服を選ぶ前に「自分を知る」

パリジェンヌのファッションセンスのキーポイントは、トレンディーでありながら、皆と違ったコーディネーションを考え、いかにも頑張ったという香りの漂わない、さりげなく、自分らしいムード作りだと思います。

当たり前なのですが、ショップのハンガーで見る可愛い服が、着てみて必ずしも可愛いとは限りませんね。たとえば、私は上着では白い服やピンク色の服を着てみたいと昔から思っているのですが、これらの色は見事に肌の色と合わないのです。

服選びの前提は、自分を知ること。

流行りの形や可愛い服を着て大道芸人になるよりは、自分に合う服を選んだほうが魅力的です。

髪の長さやお化粧によってもファッションは異なります。

この本のイラストレーションでおわかりのように、私は大変髪が長いのです。ショートカッの時代にはポップでファニーな格好はできましたが、今は女性的な服、もしくは逆にとても男性的な服をコーディネートすると綺麗なのです。とにかく、バランスが大事。「流行っているからこうなりたい」という気持ちはさておき、「自分が一番綺麗になれる服」「自分らしい服」を選んだほうが個性的であり、素敵な雰囲気が生まれてきます。

日本からパリへ戻ってきて、とても目に留まったこと。それは、ちょっと太めの女性でも、自分のキャラクターに似合った服を気持ちよく着ているとプロポーションに関係なく魅力的だと思ったことです。自分を知って、コンプレックスを吹っ飛ばすと、本当にカッコよくなれるのです。問題は「気持ち」なのですね。

＝簡単には「買わない」。洋服ショッピングの3つのルール

パリでお洒落にこだわる若者には「蚤の市（Les Puces）」という大きな味方がいます。

思い出せば、私もティーンエージャーの頃、新しいワードローブが欲しくなると蚤の市とモンマルトルにある「マルシェ・サン・ピエール Marché Saint Pierre」という生地屋さんに必ず行っていたものです。クリニアンクールにある蚤の市は古着の天国。今でも二〇フランで一つのアイテムが買えます。五〇フランもあれば、三アイテムを手に入れることができます。

スカートの丈の長さがしっくりこない場合は短くしたり、ジャケットの生地が気に入っても形がよくなかった場合はリフォームしたものです。それから、生地が悪くても形のよい服というのも買いました。そういう服を買った帰りには、「マルシェ・サン・ピエール」の格安生地屋に寄り道して好きな生地を選ぶのです。そう、大胆にも買ったばかりの服を裁断して、買ってきたお気に入りの生地で同じ形の服を作ったこともありました。もちろん、何度も何度も失敗をしましたが、こうしていくうちにスカートもドレスもパンツも縫えるようになりました。私のように自分で服を作る若者は、多いとは思えませんが、パリの女の子たちはみんな蚤の市に行った覚えがあるものだし、そしてみんながリフォームをした思い出を一つや二つは持っているものなのです。

パリジェンヌにとっては「欲しくて欲しくてしょうがないブランドの服」は誕生日やク

リスマスといった特別な時に買ってもらうというのが常識です。さすがに大人になった今は、無性に服が買いたくなったとしても蚤の市には行きません。ですが、本当に気に入った服に出会わない限り買わないのです。

一五〇フラン程度の面白いシャツやスカートなら遊び感覚で買うとしても、服を買う時には「自分らしいもの」「仕立てや生地のいいもの」そして「コーディネートしやすく、長い間〝おつきあい〟のできるアイテム」を選びます。

でも、率直に言ってこれらの条件すべてに答えてくれる服なんて、私の場合は多くはありません。でもそれはそれでいいのです。年に二着そんな服を見つけることができれば、それはそれでハッピー。だって、去年買った「マイヒットアイテム」が今でも着れるのだから。

1　流行りのものや、適当に可愛いだけの服を簡単に買わない
2　自分の中のベーシックでコーディネートしやすい服を選ぶ
3　高くても自分のために作られたとしか思えない服しか買わない

この「マイルール」を守ると、結局シャープなショッピングとして納得したものを手に入れることができるのです。買い物に出かけて、いろんなショップをまわっても「マイヒットアイテム」と出会わない限り何も買わないのです。ですから、私の場合、買い物に出かけても何も買わずに帰ってくることが多いのです。それでいいのです。「今日はファッションの傾向チェックの日」と思えばいいのだから。

東京でもパリでも、女性の友人とショッピングに出かける時に、必ず相手に「絵子は何も買わないの？」と聞かれます。でも、この「マイルール」を守ればまったく空《むな》しい気持ちにはなりません。イージーショッピングよりもクオリティーショッピングのほうがずっと長い間楽しさが持続するものだから。

私の「ベーシックアイテム」と「個性的アイテム」

「私のベーシック（定番服）」といえば……

・色ならば「グレー」「茶」「カーキ」「赤」「黒」。

・素材としては、たとえばトップスならば「ウール」のように肌に近く、なおかつ心地よいもの。

・Vカットの同色のストレッチ素材の薄い長袖トップ。（首のラインが綺麗に見えます）

・母がはいていた七〇年代のジーパン。

・膝あたりまでのスカート。

・半袖の服は避ける。

（最近とても短い半袖が流行っていますが、着てみると、腕の上部が中途半端に露出されて醜いので、Tシャツタイプの半袖は避けています。それよりも、二〇センチほどの肘の少し上までの長さの袖のほうが腕がシャープに、エレガントに見えます）

よく考えてみると、トップはいつも同じ無地のアイテムだったりするのですが、スカートやパンツがポイントだったりします。

最近の「マイヒットアイテム」はウールでできた、チューリップの形をしたスカート。薄いピンクの生地と茶系の格子縞《こうしじま》の生地の大きな六枚のパッチワークのスカートです。この文章だけでは、「お～、派手そう」と思われるでしょうが、本当はそうでもないのです。ただ、この色の組み合わせといい、パッチワークといい、個性的でありながら、シンプルなフォルム、とってもスマートな雰囲気が気に入ってしまったのです。そして、あまりにも気に入ったので、家にあった茶色の無地のウール、茶と黒、茶とグレー、茶とクリーム色の格子縞の生地をパッチワークして、まったく同じスタイルのスカートを作ってしまいました（124ページに「簡単スカートレシピ」を紹介しています）。

こういう、ちょっと個性的なアイテムを着る時には、他のアイテムは限りなくシンプルなものをコーディネーションするのがいいと思います。上に着るトップも、タイツも靴も無地のシンプルなものを選びます。そしてアクセサリーはタブー。八〇年代のガチャガチャしたアクセサリー指向は終わりました。

ところで、この場を借りて、みなさまにおうかがいしたいことがあるのです。

どうして多くの日本の女性は、薄い茶色や白っぽい色のタイツをはかれるのですか？

小学生ならわかりますが。これらの色は服の色と合わない上に、足をまったく美しく演出しません。どうして薄めの黒のタイツ（日本ではストッキング）をはかれないのかが本当にわからないのです。

タイツもファッションの大切なポイントだということを忘れないでください。同じ黒のタイツでも、マット系は黒の中でも比較的足が太って見えます。少し透明感のある黒タイツは足を綺麗に演出します。スカートをはいているのに、白っぽいタイツでは、人の視線が足に向かい、太く見える上に、総合的なバランスがくずれてしまいます。まして茶系なんて、悪趣味。肌色のタイツもたくさんありますが、これは「タイツをはいていない」と思えるほどに、薄いものを選びましょう。白っぽすぎては太って見えるし、ベージュすぎては美しくない上に「重い」足に見えてしまいます。

大嫌いなアイロンかけをしなくて済む方法

洋服の素材についてのこだわりもそうとうあります。

衣替えの時期につきもののクリーニング代というのは、バカになりません。たとえば気がつけば夏物は麻の素材ばかりで、「麻は一品洗いですから」と普通のクリーニング代よりも高くついてしまったという経験を持っている人は多いと思います。

私は、東京からパリへ戻ってから一度もアイロンを使っていません。

アイロンかけが大嫌いな上に、その必要がないのです。では麻の服はどうしているの？　と思うでしょう。私は昔からこの素材を愛していますが、着るのは大嫌い。すぐにシワになる服ってイライラして耐えられないのです。だから買いません。

シルクのスカートは自分で作っているので、店で一枚買うプライスで自分で三枚作ることができます。そのかわり、それらはさすがにクリーニングに出します。

では、他の服は本当にアイロンかけをしなくても大丈夫なの？　と心配なさるでしょう。ノンノン。ご心配なく。次の方法で万事オーケーです。

◇アイロンかけのいらない洗濯の方法

①洗濯をする時にソフトナーもしくは、ない場合はワインビネガー（ワインでできたお酢）を入れます。（これを入れると服はフワフワします）

②乾燥機に入れる前に何度も何度も強く振って、シワを伸ばします。

③そして乾燥してまだ暖かいうちに折りたたみます。

（細かくたたまないのがポイント。小さなシワを作らないように大きくたたみます）

④上へ上へと重ねて収納します。

すると、まったくアイロンは不要です。きゃ、これでまた時間を得してしまうというわけ。

洋服は誰のために着るのか?

「フランスの女性ってどうしてあんなに素敵なの?」

そう思われる日本人のみなさんもいると思いますが、その言葉をそっくり日本のみなさんにお返しします。結局、人は自分にないものに惹《ひ》かれるのですね。日本の女性のほうがフランス女性より美しいと思う日本帰りのフランス人はたくさんいます。

フランスの女性はもちろん「ルックス」には気をつけますが、外見以上に「パーソナリティー」を持つことを優先させるのです。おしゃれな女性が、朝着替える時に考えるのは「みんなとちょっと違った工夫や着こなし」の意識であり、「最近奮発して買ったブランドの最新の服を見せよう」ということではないのです。

東京では最近「ルイ・ヴィトン」「グッチ」「ジル・サンダー」などのファッションビルが建ちましたが、ここのところフランスでは新しいものは建ってはいません。なぜかといえば、フランス人は日本人のようにブランドものに飛びつかないから。

ブランド主義＝インスタント主義の精神は日本特有のものです。ブランドものの洋服を身につけ、高価なダイエット食品を使っていればカッコよくなれると思っている人が多いのではないでしょうか？　自分らしさというものは、何でもお金を出せば自動的にゲットできるものではありません。

フランス人は最新の「奮発服」や「流行服」を人に見せるために身につけるのではなく、自分を豊かにするために服を着るのだと言います。そう、日本では「外」を意識して服を着るのだとすれば、フランスでは「内」を意識して服を着るというふうにも言えますね。

素敵な女性はファッションよりも個性が勝負なのです。

実際に統計によると、フランスの一般家庭の衣料に対する出費は年々下がってきています。六〇年代には総合出費のおよそ一一パーセントが衣料費に充《あ》てられていましたが、九〇年代にはおよそ六パーセントへと減ったという事実にもフランス人の洋服についての考え方が現われています。

「白いシャツとジーンズ」だけで魅力的になれる人なれない人

とは言え、ヨーロッパで化粧品を最も消費しているのはフランス女性です。

フランスで最も人気のある化粧品のブランドは「ブルジョワ」「ロレアル」「アルカンシール」といったスーパーなどでも幅広く流通されている一般家庭に愛着のあるメーカーです。

ティーンエージャーや若い女性たちがキュートな新商品に飛びついても、三〇代からは「装飾的」な化粧品から「健康にいい」化粧品を選ぶ指向が広がってます。

フランスの女性は多少高くても、スキンケア美容にはこだわります。一般的には顔のエステサロンは特別な機会にしか行かないけれども、多くの女性は無駄毛のケアのためにエステサロンに足を運びます。

なにはともあれ、頭の中が豊かな女性はTシャツとジーンズだけでも充分に綺麗なのです。その、笑えるほどにわかりやすい例がジェーン・バーキンでしょう（国際的に有名な歌手そして女優）。皮肉なことに彼女はイギリス人ですが、パリジェンヌです。彼女は三〇代から現在の五〇代まで、いつの日も「白いシャツとジーンズ」というスタイルを変えていません。化粧も薄く、はっきり言って天下一品の美女ではありませんが、彼女の存在、ムードそのものが魅力的なのです。実際に会ったことがありますが、彼女は今まで出会った女性の中で最もセクシーな人です。

フランスの典型的美女の特徴も変わってきました。九〇年代後半は、やせたファッションモデル系が美女の象徴ではありましたが、最近は少しふっくらとしたいわゆる健康的な女性が美人だと評価されます。最近、雑誌「ELLE」がダイエット特集を組みましたが、その表紙を飾ったのは胸もおしりもしっかりふくよかな女性でした。有名人にたとえると、「イヴ・サンローラン」のミューズ、レティシア・カスタ（彼女はフランスの象徴マリアンヌの新モデルとして選ばれた）やレオナルド・ディカプリオ主演映画『ビーチ』のヒロイン、ヴィルジニ・ルドアイアンなど、やせこけていない健康的な女性が二十一世紀のフランス的美女の象徴と言えましょう。

つまり、服を買って自分を「飾る」よりも、自分自身を磨いたほうが美人になれるということなのです。

ここでいくつか女性を対象とした統計〈フランス人女性の美容意識は?〉(BVA 97.98)を紹介しましょう。

●魅力的な女性とはどんな人?

1位・ナイスなキャラクターを持った人
2位・ユーモアのセンスがある人
3位・インテリジェンスのある人
4位・スタイルのいい人
5位・美しい人

●自分の体重に満足していますか?

はい……62%
いいえ……37%
その他……1%

●体重を減らしたい場合は何に気をつけますか？

食事に気をつける……………44％
運動をする………………………34％
水を飲む…………………………17％

●今の自分の体重についてどう思うか？

太りすぎていると思う………36％
やせすぎていると思う…………4％
ちょうどいいと思う……………59％
その他………………………………1％

「太った」「やせた」は「あなたには関係のないこと」

日本人の友人と久々に会うたびに「やせた？」とよく言われます。本当に会うたびにやせていれば、今頃私は「ハリガネのように細い」（フランスでよく使う表現）スタイルになっていることでしょう。日本人は、やせているのに、いつも自分が太りすぎているとブツブツ言う。なぜでしょうか？　それはやはり「見栄《ば》え」に関心を持ちすぎるからではないでしょうか。あるいは、こちらがちょっと太ると「太ったでしょう」と必ず言うのも日本人。こういう時は、フランス人になりきって「あなたには関係のないことよ」と怒りたくなります。フランス人は日本人ほどプロポーションを話題にしたりはしません。また、相手が実際に太ったとしてもそれを指摘しないのです。理由は簡単です。失礼だから。

もちろん、日本人ほど話題にしないからと言って、自分のプロポーションやダイエットに関心がないわけではありません。そして、どこの国でも一緒ですが、春から夏に向けて女性誌の表紙を飾るのは「HOW TOやせる」の特集。しかし、フランス人は高いお金を使えばやせられるとは思っていません。もちろん、予算のある人は最新の高いクリームを買うでしょう。また、贅肉《ぜいにく》をとるための手術も受けるでしょう。タラソテラピーセンター（海水を使ったエステ）に入って一日中ゴージャスにガウンを着て、ローカロリーメニュー専用の高いレストランに通うでしょう。しかし、私も含めて周りにいる人たちは、お金を使ってやせるのではなく、頭を使ってやせる手段を考えます。これが、美容版「システムD」の精神です。

たとえば、友人のキャロルはなかなか面白い手段を考えました。インテリア商品の会社の広報を務める彼女は三〇代のバリバリワーキングウーマン。スマートな体型に気を使っています。でも、忙しい彼女にはスポーツジムに通う時間なんてありません。そこで、彼女は事務所の休憩タイムを利用してトレーニングをしています。

どうやって？　これがなかなかシャープな方法です。彼女は一・五リットルのミネラルウォーターを片手に一本ずつ持って上下に腕を動かします。同じ運動を、立ったりしゃがんだりしながら続けると、足の筋トレにもなるのです。なかなかいい方法だと思いませんか？

「水をたくさん飲むとやせられる」

フランスでは「水をたくさん飲むとやせられる」という考え方が根づいています。これは七〇年代八〇年代からずっと続いている有名なミネラルウォーターのキャッチコピーでもあります（もちろん、直接的に水のおかげでやせるのではなく、消化によい点がポイントです）。ミネラルウォーターはフランス人にとって健康の象徴なのです。現在、オフィスで働く多くのフランス人女性がミネラルウォーターのペットボトルを持ち歩いているのは、そうした理由があるからです。

それから、日本の女性雑誌でも取り上げられたことがあるのでご存じかと思いますが、フランスにはタラソテラピーセンターがたくさんあります。たとえば、ボルドーではヴィノテラピーという、海水ではなく赤ワインの成分をスキンケアに転用したタラソテラピーセンターもあります。ワインのジェットシャワーを浴びるのではなく、スキンケアとして、赤ぶどうに含まれている要素をクリーム化し、それで肌の手入れをするというエステのセラピーだそうです。

ちなみにフランスでは、一日にワインを二杯ほど飲むのは健康によいことだと言われています。

フランスの女性誌おすすめのダイエット日本食

ここでフランスの女性誌が提案するダイエット法を紹介しても意味がありません。なぜならどこの国も基本的に方法は同じだから。でも、ここでちょっと紹介すると、

「ダイエット中だからといって我慢ばかりをしてはいけません。週に一回はちょっとゴージャスなメニューを楽しみましょう」

「ダイエット中だからといって友人の家でのディナーのお誘いを断わってはいけない」

「パーティーに行く時にはアペレティフ系のナッツやクラッカーは禁止。でもシャンパン

は二グラスくらいならオッケー」

という具合に、常に楽しい贅沢を取り入れた上でのダイエットを提案しています。

最近、そんなダイエット特集を組んだ女性誌を見て大笑いしてしまったことがありました。こう書いてありました。

「時間がないと、どうしてもジャンクフードやパスタ系の食事に走ってしまいます。そんなことにならないように、常に冷凍庫には野菜、もしくはローカロリーの冷凍食品を買って入れておきましょう。冷凍庫に何も入っていない緊急の場合は出前でおスシをオーダーしましょう」

と。そうなのです。ここ数年、フランスで人気のあるローカロリーフードと言えば、おスシとお豆腐。出前寿司の数もかなり増えました。統計は判りませんが、現在一区（ちなみにパリには「区」が二一あります）に最低一軒はあるでしょう。一〇年前はパリ全体で五軒あったかどうか……。

そしてお豆腐。残念ながらお豆腐は一般的なスーパーマーケットでは売られていません。チャイナタウンやバイオ食品専門店、数少ない日本食品店でしか見つからないのです。ですが、豆乳や豆腐をベースとしたプリペイドフードやヨーグルトはスーパーで簡単に手に入れることができます。フランスではチョコレートやバニラ味の豆腐ヨーグルトが一般的に売られているというのをご存じでしたか？

こうして考えてみると日本人がうらやましい。日本料理のほうが断然フランス料理よりも健康的だからです。だから日本の女性も「私、太っちゃったわ～」という泣き言を言わずに、二世代三世代前の「お献立て」を日常的に召し上がってみてはいかが？　絶対に太らないはず。日本には素晴らしい食文化があるのですから、それを思う存分楽しみましょう。

ローカロリー、ローコストの万能ソース

日本食やバイオ食品の関心が高まるフランス。しかし、フランス流の安くて美味しいローカロリーメニューはたくさんあります。私もそうですが、フランス人とソースは切って

も切れない関係にあります。ソースがローカロリーでローコストであれば、蒸《む》したりオーブンで焼いた食材がいくらでも食べられます。

ここでいくつかレシピを紹介しましょう。

蒸したり、オーブンで焼いた野菜や魚と合う「美味しいソース」のレシピ

●コンカッセ・トマト・ソース

【食材リスト】

トマト3個／砂糖　小さじ1

醤油　小さじ1／クミン　小さじ1

塩／胡椒

【調理用具リスト】

包丁／ミキサー／計量スプーン

【作り方】

①トマトの皮をむく。

②3つのうち、2つは小さなキューブになるように切る。もう1つはミキサーにかける。

③②に砂糖、醤油（フランスでも流行っています）、クミン、塩、胡椒適量を混ぜてでき上がり。

●ハーブのヨーグルトソース

【食材リスト】

脂肪分0パーセントのヨーグルト　1つ

レモン汁　小さじ1／バジル　3枝

バジリコ　8葉／ミント　3枝

シブレット（エゾネギ）1束

塩　少々／胡椒　少々

【調理用具リスト】

スプーン／ミキサー

【作り方】

①すべての材料をミキサーにかけてでき上がり。簡単！

●かる〜いマヨネーズ・ソース

【食材リスト】
卵の黄身　1つ
ワインビネガー　小さじ1
パラフィン油　小さじ1
マスタード　小さじ1／塩　少々

【調理用具リスト】
スプーン／ミキサー

【作り方】
①卵の黄身1つ、ワインビネガー小さじ1を混ぜ合わせる。
②ゆっくりと徐々にパラフィン油小さじ1を足しながら混ぜ続ける。
③最後にマスタード小さじ1と塩を少々混ぜてでき上がり。

●パーティーに人気のあるグアカモール・ソース

パーティーの際に生野菜をたくさん用意して、このソースにつけて食べるとエキゾチック＋経済的＋美味しい＋健康的で万々歳！

【食材リスト】
アボガドの実
青レモン　1個分の絞り汁
白いタマネギ　1個／唐辛子　少々
塩　少々

【調理用具リスト】
スプーン／ミキサー

【作り方】
①アボガドの実、青レモンの汁、白いタマネギをミキサーにかける。
②唐辛子と塩を足してでき上がり。

ソース作りにあると便利なのは、ミキサー。でもミキサーがない場合にも、ちょっとした手間をかければ、味のほうは同じく保証いたします。

＊ミキサーをお持ちでない方へのアドバイス

食材をなるべく小さく細かくきざんで、混ぜて、すべてを底が円状のあまり幅の広くないボールに入れます。そして直径四センチくらいの、なるべく丸みのある棒（木の枝で作るのもよい）でつぶしていけばいいのです。

ナッツや乾燥したパンなど、硬いものは丈夫なビニール袋に入れ、しっかり締めて、外へ出ましょう。どうして？　靴と体重でつぶすのです。ハイヒールをはいてはいけませんよ。底の硬い、平たい靴でなければいけません。はい、はい、確かにエレガントな行動ではありませんが、結果は最高です。

＊ソースの保存方法は？

ごめんなさい。手作りソースというものは残らないのです。あまりにも美味しいので最終的には誰かしら、パンにつけてペロっと食べてしまいます。

「EKO SATO流」美容と健康の6つのルール

ちなみに私は美容と健康と体重を意識して、とても簡単な決めごとを持っています。

1 お料理をする時はバターを使わず植物性の油を使う

私は日常の食費を経済的に考えても、油には特別にこだわっています。クルミのオイル、オリーブオイルはスーパーではなく専門の店で、高くても天下一品の油を買います。

2 パンと麺類を避ける

パンを食べるなら、サラダを三人分食べる。

3　一日一回は汗をかく

最近キックボードを始めました。あらっ、私ったら単なるファッションヴィクティム（簡単に流行りに飛びつきやすいタイプ）!? これ、けっこう汗かきますよ。

4　一日にミネラルウォーターを1リットル半飲む

でも、ブランドは変えていきましょう。いつも同じミネラル成分ではバランスが偏《かたよ》ります。

5　ポテトチップスなどのお菓子を一切食べない

私は日本に行くたびに新しいお菓子を発見します。パッケージングもとてもキュートで、しかも種類の多いこと。しかしそんな可愛いものたちにだまされてはいけません。私はそれらを買いますが、お手洗いに飾るのであって（インテリアページでご紹介しています）試食はしません。キュートなお菓子は目で楽しみましょう。

6　毎日、感動を探す

そう、気持ちがハッピーであれば、体もハッピーになれると私は信じています。感動はもちろん毎日やってくるものではありません。しかし、散歩や読書、アートギャラリー巡りや人とのコミュニケーションからも感動は生まれてくると思うのです。

年齢を問わずセクシーな女性でいるために

七〇年代のウーマンリヴの真っただ中、当時のあるフランス人女性社会評論家はこんなことを言っていました。

「男性と女性の徹底的な違いは一つしかない。それは男性にワイフ（奥さん）がいて、女性にはいない」

なかなか考えさせられる言葉です。もっと男女平等になりましょう、の時代だったのですね。今は、夜中に赤ちゃんが泣き出すとパパもママも替わりばんこに子供の世話をする時代になりました。夕方の買い物や、学校の子供の迎えに行くパパが増えています。

しかし、私は男女平等という言葉があまり好きではありません。私たちには絶対的な違いがあるのだから。かなり勝手な発想なのですが、女性は男性に甘えてもいいと思うのです。それも遊び心の特権だと思うのです。もちろん、女性としてのプライドを持たなければいけませんが、「遊び心」を忘れないこともプライドの一部だと思います。

東京に帰ってくるたびにふと感じるのですが、日本の六〇歳くらいのおばあちゃんがとてもカッコいいのです。みんなではないですが……。姿勢が良く、地味ではありながら、プライド高く、気品があります。長年、旦那、家族を支えてきたおばあちゃん。それは決して「受け身」ではなく、家の大事な柱だったのでしょう。旦那より一歩後ろに下がっていても、本当は旦那の三歩先に立っていたおばあちゃん。どこの国も女性は強いと言います。でもなぜか、こうした年代の女性たちがとても素敵に見えるのです。

八〇年代のサザンオールスターズの曲に「たばこロードのセクシーばあちゃん」というフレーズがありました。そう、女性はいつまでもセクシーでないといけません。セクシーというのは東京の渋谷あたりでよく見かける、派手なお化粧をして、三〇分おきに鏡を出しては顔や髪をチェックして、胸が大きく見えるブラジャーをつけてミニスカートをはいている「子供」の姿ではありません。

セクシーとは、目に見えないものなのです。

セクシーな人は余裕を持っている人、自分を客観的に見ることができる人、遊び心のある人、ポリシーを持っている人、ガンバル人。

一九九四年にパリに戻って、東京では持っていなくても成り立つけれど、パリでは成り立たない一つのポイントに気がつきました。それはユーモアのセンス。

日本人にはユーモアのセンスがないと言っているのではありません。日常の中のユーモアの「密度」が違うのです。フランスでは、会話のテンションが高い。日本のコントや漫才のように、相手の言葉を素早く返し、相手よりもシャープで面白い表現を考えるのです。仕事の場でもユーモアは大切です。フランス人にとってそれは当たり前でも、日本帰りの私にとって、それはまるで競争のようにさえ見えることがあります。ユーモアのセンスでその人のインテリジェンスが計られるのです。

ダイエットやブランド品や可愛いグッズはちょっと忘れて、少し自分の中味を磨くことに専念してみてはどうでしょう。

その方法のヒントは「好奇心」だと思います。

なんでもいいのです。旅をしてもいい、読書をするのもいい……。新しい発見をして、考える。話をする。比べる。コミュニケートする。そして自信を持つことを学ぶ。お金がなくても充分素敵になれるのです。これが「EKO SATO流」いい女への第一ステップだと思っていただければ嬉しいです。

簡単！「スカートメイキング・レシピ」

この本の中では、私の手作りスカートの話が何度か登場しますが、ここで一番シンプルなスカートレシピをご紹介します。

スカートを一度も作ったことがない場合には、初めから形（デザイン）で勝負するのは難しいので、まずは素材や柄で勝負してみましょう。

＊生地選びのポイント

生地を選ぶ時は本当に気に入ってしょうがない生地を選びましょう。今時は、素材のタブーというのがまったくないので、「この生地では変かしら？」という固定観念を捨てて思いきって好きな素材を選びましょう。

しかし、すけない素材を選びましょう。裏地を付けるのはちょっと複雑なので。

【作り方】

①多めに2メートル×2メートルもしくは1・2メートル×2メートルの生地を買いましょう。

②家にある、ウエストにゴムの入っているお気に入りのスカートを選んでモデルとします。

③ウエストの縫合せの部分を少しだけはさみで開けて、ゴムを取り出します。

④買ってきた生地を平たく伸ばし、縦に二つ折りにして、その上にゴムを外したモデルスカートを置きます。

⑤白い鉛筆で、スカートの形をそのまま生地に描きます。

⑥スカートの縦の長さは無視して、生地は一番下まで残します。

⑦そして、身幅の部分（ウエストの部分）

はおよそ6センチの幅の余裕を足して、布を裁ちます。
⑧後は縫うだけ。そしてモデルスカートのゴムの長さを計り、それに10センチ増やしたサイズのゴムを二つ準備し、一つはモデルスカート（一度カットされたゴムは当然また結ぶと短くなるので）につけ、もう一つのゴムは新しいスカートにつけます。
⑨裾の縫い返しは最後にしましょう。縫い上がった長いスカートを一度着て、長さを調整して、最後に裾を縫います。
⑩裾、それからスカートの中の縁縫い折り目は、アイロンをかけてからすると簡単です。

4

「食を楽しむ」ための贅沢な節約生活

Ah, les délices de la vie!

食費を抑《おさ》えても健康とクオリティーにこだわる「買い方」

フランス人が衣服に費やす出費の変化と同様に、食に対する出費も年々減っています。たとえば、一九五九年には総合出費の三分の一も占《し》められていた食費が一九九五年には一八・六パーセントにまで下がったのです。フランスならではの誇り高い「キュイージーヌ　フランセーズ（Cuisine Française）」（おフランス料理）の消滅か？　ノン、フランス人は相変わらずガストロノミーを愛し、美味しい料理を愛しています。

食費に占められる割合が低下した理由には、メンタリティーの変化が挙《あ》げられます。洋服と同様に「買う内容」がそれほど変わったのではなく「買い方」が変わったのです。

七〇年代、八〇年代にはディスカウントショップで買い物をするのは格好悪かったのです。今は情報も早く、量も多く、「より良いものをより安く買う」のが常識になってきたのではないでしょうか。今は16区（日本で言う田園調布）のおばさまもディスカウントストアに行く時代になりました。

また、単純に食費についての出費が減ったからといって「健康食」への出費が減ったわけではありません。こちらのほうは逆に増えています。パリでもこのところバイオ食品の専門店が増える一方です。

気になるワインも同じ傾向です。五〇年代に比べワインの消費は五〇パーセントにまで落ちこみましたが、逆に高級ワインの消費は二倍に増えたのです。

日本でも同じことが言えるかもしれません。消費者は賢くなって「健康」と「品質（クオリティー）」に気を配っているのですね。

「割り切り」外食プラン

日本でもフランスでも節約の最も簡単な方法は、外食を減らすことです。

でもフランス人の意識の中では「家で食事をする＝節約の苦痛」ではありません。だって、自分で素敵だと思える空間で暮らしている人にとって、家で食事をするのは楽しいものだもの。

とはいえ、外食は私にとってはなくてはならない存在です。みなさんもそうでしょう？　友だちやボーイフレンドとの外食を一切断《た》ってしまうのは、我慢を強《し》いられるし、精神的にも貧しくなってしまうので「贅沢な節約生活」とはいえません。

さて、私は自分が週に何回レストランに行くのかということを数えてみたことはありません。基本的には家で食べています。少なくともお昼はほとんど家で食べています。夜は夜で、レストランにまったく行かない週があれば、四回行く週もあります。外で食事をするのは大事なことです。新しい空間の発見、新しい料理の発見、家にはない「外の空気」が楽しめる。特に私は職業上、「安くて美味しい新スポット」（一人分七〇～一二〇フラン・1フランは約16円）には好奇心がありますし、また、時には究極のワインレストラン（一五〇～三〇〇フラン）に行って、天国気分にしてくれる高くて美味しいワインを飲みながら田舎料理をいただくのも好きです。レストランまで行って「ケチる」のはバカバカしい。レストラン代は私の場合、仕事の「経費」として考えています。

私は外食をする時には割り切ってこう考えます。

とても安くシンプルな家庭料理風レストラン（七〇フラン～一二〇フラン）、もしくは少し高くても究極に美味しいレストラン（一五〇～三〇〇フラン）でしか食事をしないことにしています。外食の場所を絞りこむのです。喫茶店での打ち合わせや友人とランデヴーがある時は「ノアゼット（Noisette）」（エスプレッソの中に冷たいミルクをちょこっと入れたパリならではのにがいコーヒーミルク）やミネラルウォーターは飲んでもカフェでは軽食はとりません。「クロックムッシュ（Croque Monsieur）」（食パンにバター、チーズ、ハムを挟み、オーブンで焼いたホットサンド）なんて絶対に食べません。まして、パン屋さんの焼きたてのいい香りにつられて入って「キッシュ（Quiche）」（卵とベーコンのパイ）やピザパイなんて絶対買わないのです。

な～んてカッコよく言い切っていますが、一年前はな～んにも考えないでムシャムシャ食べていましたよ。一日に一つは、新聞屋に寄った帰り道でこの手の美味しい、便利、安いという三拍子揃《そろ》った軽食を歩きながら食べていたのです。しかし、食費の買いだしシステムを変えてから、この「悪いクセ」が自然に止まったのです。

この「悪いクセ」を改めようと決心した理由は四つ。

1・これらの軽食は脂肪分が多く、カロリー度が高い。

2・それらを食べる時間が不規則で健康的ではない。
3・そんなにクロックムッシュが食べたければ、家で作って食べたほうがいい。
4・悪者扱いにしちゃおう。

これらの軽食が平均ひとつ一五フランとして、それを週五つは食べる。つまり計七五フラン。週七五フランの節約はバカにならない。七五フランで何ができる？　お昼のランチをレストランで食べられる。七五フラン×2で夜、レストランでディナーが食べられる。

お手軽コンビニ・ショッピングは卒業する

私は日本のコンビニエンスストアが大好きです（入った瞬間の、プラスチックとおでんの香りがミックスしてしまったような、あの独特の匂《にお》いは好きになれませんが……）。時代の移り変わりに敏感なコンビニは、商品の展開を見ていると時代のトレンドのバロメーターとしてとても興味深いものがあります。ですが、コンビニは食費を節約しようとする私たちにとっては敵！

いつでも好きな時間に好きな物が買える。これはフランス語で言うと「クリネックス時代」（直訳するとティッシュペーパー時代。つまりティッシュペーパーをその箱から簡単に素早く取り出せるように、自分の欲しいものが即座に手に入る時代）の象徴です。

でもフランスにはコンビニはありません。だからといってフランス人は日本人よりも不幸なのでしょうか。ノン、ノン、ノン。すべてのポイントは一日のオーガナイゼーション（計画をたてること）にあり。

買い物はお昼のうちにすませてしまうことが大事なのです。「時間がない」なんて言わないで。「時間がない」のではなく、「時間を作らない」だけなのだから。

フランスの場合、普通のスーパーマーケットが安くも高くもないと考えた場合、日常の買い物のコストを抑えるにはいくつかの手があります。

たとえば、野菜や生鮮食料品（生もの）は夕方にマルシェ（市場）に行って買う。日本もそうだと思いますが、マルシェが閉まる三〇分前に行くとかなりの値引きで売ってくれます。また、「リーダープライス」や「ＥＤ」というスーパーはそれこそ商品のディスプレーが雑だったり、照明のネオンが暗くて悲しいムードではありますが、一般的なスーパーよりも商品の値段がおよそ三〇パーセントは安いのです。時間のない人はここに行ってまとめ買いをします。

また、フランスにはコンビニはありませんが、深夜十二時三十分頃までオープンしている小さな八百屋さんがたくさんあります。これらの八百屋は一般的にはアルジェリアやモロッコ出身のオーナーがいて、「近所のアラブ屋さん」と呼ばれています。便利なのですが、商品の値段が一般的なスーパーマーケットの二倍もするので、これは痛い出費となってしまう。

「まあ、いいっか〜、近所のアラブ屋さんで後で買い物をすませてしまえば」と思ってはダメ。同じように、「帰り道にコンビニに寄ろう」と考えるのもやめてみましょう。とにかく「なんでもいつでも手に入るのは当たり前」というお手軽な「クリネックス指向」をゴミ箱にポイッして、上手に買い物をする手段を選んだほうが、あとあと楽しい思いができるのだから、と前向きに考えてみましょう。

たとえば、カレー粉を使ったお料理を作りたかったのに、夜夕食の支度を始めたらカレー粉がないのに気づき、近くのコンビニなり、アラブ屋さんに出かける。それは避けてみましょう。カレー粉へのこだわりはそこできっぱり気持ちよくあきらめて、違ったスパイスを使えばいいのです。これぞ「システムＤ」。そこで新しい料理を考えつけば、それはそれで新しい発見があるのですから。

そして、次の日に「リーダープライス」なり「ＥＤ」に行ってカレー粉を買えばいいのです。その日のカレー粉を使ったお料理はきっと二倍は美味しいはず。

賢い食材の買い出し、6つのルール

1 「まとめ買い」の落とし穴にはまらない

よく日本の生活雑誌には「まとめ買いで○円節約！」という記事がありますが、少なくとも私の場合は、「まとめ買いで損をした」という経験がよくありました。

多くのフランス人は最近郊外のハイパーディスカウントストアに週一回行ってまとめ買いをします。しかし、車がないと不便。私も行ってみましたが、最終的に節約をした気にはなれませんでした。これは個人的な例ですが、トイレットペーパーを一二ロール、ねこのキャットフードを二四缶という調子でさまざまな物を一気に大量に買うと、使い方が雑になり、「いくらでもある＝どんどん使っちゃえ」になってしまうのです。しかも、大幅なオフプライスに惹《ひ》かれて別に必要もない物もたくさん買ってしまい、「どうしましょう?」になってしまいます。

最終的には節約に結びつかないのです。それに、物を大事にする気持ちも忘れがちになってしまいます。よって、私はハイパーディスカウントストアにはほとんど行きません。

2 買い物をする場所を選べば三〇パーセントは節約できる

さて、仕事で飛び回っている私は、以前は一般的にはスーパーマーケットで買い物をし、週に三回はアラブ屋さんで夜遅く買い物をするのが習慣でした。ある日、ふと思いついて三カ月間レシートをキープして、一回のショッピングに平均いくら払っているのかを

どこで買い物をするかで、
生活費はここまでシャープにできる

購入品（2人分）	アラブ屋さん	一般スーパー	ED
◎レタス1つ	5 fr 95	4 fr 75	3 fr 90
◎ピーマン3つ	14fr	10 fr	9 fr
◎じゃが芋2.5Kg	16 fr	13 fr	7 fr 90
◎りんご 1 Kg	11 fr	9 fr 90	8 fr 95
◎牛乳 1 L	6 fr 50	5 fr	4 fr 05
◎エビアン1.5L	6 fr 50	3 fr 20	2 fr 90
◎カマンベールチーズ	17 fr	10 fr 50	8 fr 50
◎豚肉400g	20 fr	16 fr	13 fr
◎砂糖1Kg	15 fr	8 fr 45	7 fr0 5
◎トイレットペーパー 6ロール	14 fr	9 fr	8 fr 45
◎皿洗い洗剤	15 fr	10 fr	7 fr
◎ワイン	60 fr	40 fr	40 fr
TOTAL	200,95 fr	139,80 fr	120,70 fr

＊1フラン（fr）＝約16円　2000年4月14日現在

計算してみることにしたのです。その額はおよそ一七〇フラン。

参考までにショッピングリストを作ってみました（この買い物の内容は例であり、たとえば毎日トイレットペーパーを買っているわけではありません。当たり前です。しかし、毎日その額に相当する商品を何かしら買っています）。

ところが、この買い物を家からちょっと遠い＝家から徒歩一〇分のEDタイプのディスカウントストアで済ませるとおよそ一二〇フランとなります。しかも、生野菜をマルシェで上手に買うと野菜はおよそ三〇パーセントオフになり、最終的に一回の平均がおよそ一〇〇フランまで下がるのです。つまり以前の一七〇フランが一〇〇フランにまで節約できる計算になります。

3　こだわりのある「味」には安物で妥協しない

そう、たとえば、ディスカウントストアのコーヒー豆が美味しくないのであれば、無理してそこで買う必要はないのです。自分がこだわる「味」は尊重しましょう。食は楽しみであり、「我慢」になってはいけないのです。私はコーヒー豆やパンやオリーブオイルに関しては絶対妥協しません。

これらのベースとなる食費関係にはパン代は含まれていません。一般的にパリではバゲットパンは四フラン二〇ですが、私はパンには(も?)うるさく、特別に美味しいパン屋で「シェフのスペシャル」や「シリアルパン」を買います。これは七フランしますが、これで食事が一〇〇倍は美味しくなるのです。

前にも書いたように、オリーブオイルにもこだわっています。一般的には三五フランくらいでしょうが、私は七〇フランの、半端ではなく美味しいオイルを専門店で買っています。でも、毎日買うわけではないので、オリーブオイルのせいで食費が高くなったということもありません。そして、これまた一〇〇倍の差が出てくるものなんですね。

4 冷蔵庫は美術館ではない。食材は食べきる

こうして食費、日用品がおよそ四〇パーセントオフになったと思うと楽しくなってきます。では、これをさらに五〇パーセントまで下げてみよう、と遊び感覚で考えました。

まず、今まで私は週に五回買い物に出かけていました。これは多すぎるのではないだろう

か？　と自問自答してみたのです。

冷蔵庫を開けると食品だらけで、月に一回必ず山ほどものを捨てている。奥に入れて使い忘れた食材や野菜が必ず出てくる。冷蔵庫は美術館ではないのですね。中に入っているものは合理的に食べなきゃ。

そこでこう考えたのです。火曜日と木曜日と土曜日の三日に分けて一週間分の買い物をする。しかも一〇〇フラン×五日分の予算を五〇〇フランではなく、一〇〇フラン×四日分の予算四〇〇フランと設定する。そして日曜日と月曜日は徹底的に冷蔵庫にある生ものを食べ切る。絶対に何も買わない。そう「そのうち使うだろう」の精神をかっとばす。だって「そのうち使うだろう」と考えるからこそ可哀そうな食材は冷蔵庫の中で死んでしまうのです。

5　「日・月曜日生もの食べきりシステム」のすすめ

この「日・月曜日生もの食べきりシステム」を実行するのは、経済的なだけではなく、健康的かつ想像力のキモダメシとして面白い試みです。健康的というのは、野菜がまだフレッシュなうちに食べるという点。これは、バカにできません。三日冷蔵庫に入っていた野菜と一〇日間入っているものとではその差は歴然としています。

また「このナス半分とこのピーマン二つで何を作ろう?」と頭をかかえているうちに今までは絶対に出てこなかったレシピが生まれてくるのです。どこの家庭にも牛乳、小麦粉、卵、油は常備してありますよね? だったら、「ナスとピーマンを炒め、それらをサンドイッチしたクレープを作ろう」とか、「カレーを作ろう」とか、少ない素材でいくらでもレシピが考えられることに気がつくのです。

「日・月曜日生もの食べきりシステム」を始めた頃は「うっ、これしか残ってないの? 何も作れないじゃん」と思った時もありました。でもこのシステムにこだわるようになってから、買い物もうまくなりました。量とバラエティーのバランスにもっと気を使うようになりました。

このシステムを生かすために、とても大事なのは食材を変えること。

毎週なにかしら違うものを買うように意識してみます。そういう意味ではマルシェは野菜や魚のバラエティーがとても幅広く、楽しみながら食材が選べるのです。

6　困った時のアイディア料理に欠かせない常備食材リスト

さまざまな種類の食材を選んで買い物をしてみる。とはいっても、いつもキッチンに常備しておきたい食材もあります。これはベースです。これがないと、困った時のアイディア料理も作ることができません。

油
米
麺
小麦粉
卵
牛乳
たまねぎ
ニンニク
塩

胡椒
醤油
カタクリ粉
お酢
酒（ワイン）
スパイス（多ければ多いほど楽しいし、味にバラエティーが生まれる）

では、ここで「残った食材で何を作ろう？」というテーマで「残り物アレンジレシピ」を紹介しましょう。

残りものを残らず使う「アイディア・レシピ」

●残り野菜、残り肉はクレープの具に

【食材リスト】
残り野菜と残り肉／お好みのスパイス
小麦粉／卵／牛乳

【調理用具リスト】
包丁／フライパン

【作り方】
①野菜も肉も少ししか残っていない場合はそれらをみじん切りにする。
②好きなスパイスをふって炒める。
③小麦粉、卵、牛乳をボールで泡立ててフライパンに薄くしいてクレープを作る。
④③ででき上がったクレープに②の具を乗せてクルリと巻いてでき上がり。

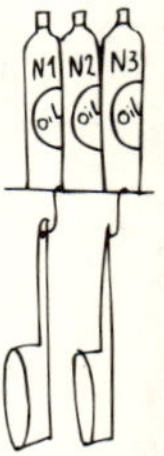

●中途半端に余った野菜で「パッパラパー南仏風焼き飯」

【食材リスト】余った野菜／ご飯／塩
胡椒／オリーブオイル
タイム（あるいはバジリコの葉）

【調理用具リスト】
包丁／フライパン

【作り方】
①とにかく余った野菜をみじん切りにする。
②フライパンにご飯と①を混ぜて炒めて、焼き飯を作る。
③塩、胡椒、オリーブオイル、タイム（もしくはバジリコの葉）をかける。
④でき上がった③を冷蔵庫に入れて冷やしておいたものをいただく。

アレンジ：④にお酢を足して、「南仏風サラダ飯」にするのも新鮮。

●飲み残した「ビール」でクレープを作ろう

【食材リスト】

残ったビール

【作り方】

①小麦粉、卵そして普通のクレープの場合「牛乳」を使いますが、ここで牛乳とビールを交換してみる。

②これ、れっきとしたレシピ。すっごく美味しい大人の味のクレープができます。

●残った「ワイン」はもちろん
美味しいソースに早がわり

【食材リスト】

残ったワイン／肉／タマネギ／塩

胡椒／ハーブなどのスパイス

【調理用具】

フライパン

【作り方】

①たとえばお肉を焼いた後に肉を別皿に移す。

②①で使ったフライパンに残った肉のジュースに、別に炒めておいたタマネギ、そしてワイン、塩、胡椒、ハーブやスパイスを入れてかき混ぜる。

③香りが立ち上ってきたらソースのでき上がり。

④①のお肉にさっとかけていただく。

初めてのワインは流れるジュエリーのように

ワインと本当に出会った時のお話をしましょう。

本当にワインの「うまさ」を知ったのは、実はつい最近なのです。初めてボルドーに行った時でした。ボルドーには仕事でコンサートをオーガナイズするために出かけて行ったのですが、着いた晩に現地のスタッフがボルドー人しか知らない究極に美味しいレストランに連れて行ってくださったのです。その店の「マグレ・ド・カナール」（鴨《かも》のひれ肉の素焼き）は人生の中で最も美味しい鴨で、ワイン畑の若枝のみを使用してバーベキューされているのです。もう、この香りがグッとくることといったら！　シェフのおやじさんが冗談で「若枝のほうが鴨より高い」と言っていたくらいに、豊かなワイン畑の若枝を使ったマグレは贅沢なのです。

このレストランのもう一つの特徴は、入り口にワインのミニショップ、ディスプレーコーナーがあり、ここでボトルごと買って、それを食事と一緒に楽しむことができることにあります。ボトルは生産地直送で「レストラン・プライス」ではなく、「生産プライス」で売っているのでリーズナブル。

このレストランは、決して五つ星スタイルのクラシックでゴージャスな内装ではありません。テーブルの横でボーイが立ちっぱなしで、パンのかすがテーブルに散らかるたびにシルバーの道具でそれを片づける、というお硬いタイプのレストランではないのですよ。とっても庶民的な場所なのです。

テーブルにつき、現地のスタッフにワイン選びを任せ、マグレを食べながら究極に美味しいボルドーワインを飲んだのです。感動、そう感動するほど強く、こくがあり、そこで初めて「ワインは生きている流れるジュエリー」だと思ったのです。そして、一本、二本、三本……飲み比べていきながらいただきました。あ〜、なんて幸せな一時だったでしょうか。一生忘れられません。

失敗のないワイン選びと飲み方のコツ

実はワタクシ、お酒をほとんど飲まない人だったのです。ですので、ワインの選び方についてアドバイスをするのは、ワイン通の多い読者の皆様に対して少し失礼かと存じますの。

しかし、私なりの美味しいワインの選び方をちょっとお話ししましょう。

さっそくパリに帰り、まだワイン素人《しろうと》の私は、美味しくて高いワインを探すよりも（良いアドバイスがあれば、誰にでも買える）安くて美味しいワイン探しを始めました。そういう「冒険」のほうが楽しいのです。

探し方は二つあります。

大きなスーパーマーケットに行って、勘で選ぶこと。最初、素人はそうするしかないでしょう。よく、ワインの本を見ながらワインを選ぶ日本人がいますが、私はそこまでオタッキーではないのです。間違ってもいいから、勘で買って、美味しかったら「ワーイ！」、不味《まず》かったら「……これで料理をしよう」と思うので、どっちに転んでもいいのです。

ちなみに、パリでは四〇フラン～五〇フランというのが、安くて美味しいワインを選ぶ目安の金額だと思います。もちろん、フランスでは六フランから二〇フランのワインはどこでも売っていますが、それらは「テーブルワイン」と呼ばれ、AOCラベルがついていません。このラベルはしっかりコントロールされている良品にしかついていないのです。日本の皆さん、日本のおフレンチスタイルのレストランに行った際にはワインのラベルをよく見ましょうね。「VIN DE TABLE」と書いてあって、高かったらクレームを言いましょう。

ワイン選びのもう一つの方法は、いいワイン専門店を見つけること。

ワイン屋さんって本屋さんに似ていると思うのです。店の人から人気のものやベストセラーばかりを薦《すす》められたら、あまりいい店ではないと思う。逆に「これ、誰も知らない商品ですが、最近仕入れて、なかなかいいのです」と言う店は信頼したい。本当に自分の職業を愛し、ワインを尊敬している人だと思えるから。五回、一〇回と通いこむうちに、こちらの趣味もわかってくれる「いい店」を見つけるのが大切です。私の行きつけのオリーブオイルの専門店のオーナーも、今や私の趣味を知ってくれています。

ワインのいただき方はいろいろあるかと思いますが、「食事の友」として、たとえばディナーでいくつか違ったボトルを比べていくのも楽しいでしょう。そのかわり、赤、白、ロゼは混ぜないで、一種にこだわりましょう。

また、ワインを「食事のヒーロー」と考えて、同じワインを食事の間ずっといただくというアイディアもあります。そのワインと各料理、そしてデザートとの「結婚」をためしてみるのも楽しいチャレンジかと思います。

ワインを使った簡単レシピ

「せっかく買ってきたのに不味《まず》かった」

そんなこともありますよね。そんな時はそのワインを使ってソースや料理を作ればいいのです。ここで、残ったワインで作る簡単レシピをいくつか紹介しましょう。

白ワイン編

●白身魚のクリーム煮込み

【食材リスト】

白身魚　2キロ／バター　150グラム

エシャロット　100グラム

白ワイン　1／4ボトル

生クリーム　500グラム

レモン汁／塩、胡椒

【調理用具リスト】包丁／計量カップ

プレート／オーブン／調理用スプーン

【作り方】

①バターをしいたプレートに魚とエシャロットみじん切りを置く。

②①を30分オーブンで焼く。

③プレートの汁と白ワイン、生クリームを混ぜ、レモン汁、塩、胡椒を足してソースを作る。

④②の魚を皿に置いて、上から、③のソースをかける。

●チキン白ワインソース

【食材リスト】

鶏肉　1．8キロ／白ワイン　50cc

生クリーム　50cc／ブーケガルニ

オリーブオイル　大さじ3／塩／胡椒

【調理用具】包丁／計量カップ

フライパン（あるいは平鍋）／鍋　2つ

【作り方】

①鶏肉を適当に切って、塩、胡椒をふる。

②①をこんがりといい色になるまでにソテーする。

③白ワインを別の鍋に入れ、沸騰させる。

④他の鍋に生クリームを温める。

⑤白ワインを鶏肉の入った②の鍋に移す。

⑥⑤にブーケガルニも入れ、一時間煮込む。

⑦火を止める10分前に生クリームを入れる。

⑧塩、胡椒で味をととのえる。

赤ワイン編

●牛肉の煮込み

【食材リスト】牛肉　1.8キロ／トマト　4つ／たまねぎ　3つ／ニンニク　2球芽／ブーケガルニ／赤ワイン　1カップ／オリーブオイル　1カップ／野菜のブイヨン　1.5リットル／塩、胡椒

【調理用具リスト】包丁／計量カップ／鍋

【作り方】①肉を適当に切る。
②オリーブオイルの入った鍋で①を炒める。
③②にたまねぎ、ニンニクのみじん切りを入れ、その後ワインを入れる。
④炒めている途中でトマトのみじん切りとブーケガルニを入れる。
⑤④にブイヨン1.5リットルを足して一時間半煮込む。⑥最後に塩、胡椒で味をととのえる。
アレンジ：赤ワインを増やして、ブイヨンを減らすのもあり。料理はアドリブでなきゃ。

●風邪をひいた時の「ヴァン・ショー」（ホット　ワイン）

【食材リスト】
赤ワイン　1リットル
砂糖　200グラム／レモン汁　少々
シナモン　少々／チョウジの蕾を干した物1つ

【調理用具リスト】
小鍋／濾《こ》し器（あるいは、木綿の布を代用して）

【作り方】
①赤ワイン1リットルと砂糖200グラムを温める。
②レモン汁、シナモンを少々、チョウジの蕾の干したのを1つ入れる。
③白い泡が出てきたら火から下ろす。
④③をこしたものをいただく。
アレンジ：砂糖を減らして蜂蜜を入れても美味しい。

カチカチになった「フランスパン」を使ったレシピ

パリの12区に「マルシェ・ダリーグル（Marché d'Aligre）」という市場があります。ここは、パリで一番経済的なマルシェではないかと思うほどに、とにかく安いのです。野菜から チーズ、花となんでもあり、それらを売っているマグレブ出身のオヤジたちが地中海の雰囲気を醸《かも》し出しています。この庶民的な環境が大好きです。

このマルシェのすぐ横の道に「ル・バロン・ルージュ（Le Baron Rouge）」というビストロがあり、日曜日の朝の買い物が終わると、ここで友人と待ち合わせをします。ここはいつ来ても混んでいる人気のお店。中でテーブルを見つけようとしてもノンノン、空いている席なんて、ひとつもありません。外には大きな樽《たる》が置いてあり、そこで白ワインをいただきながら立ったまま生ガキを食べるのがこの店の「しきたり」。あ〜、店長の友人がパリまで配達するこのフレッシュな生ガキそして白ワインの美味しいこと。

この立ち食い生ガキは、雨の日でもどうしても無視することができないほどに幸せなひと時です。

実は、このワイン蔵の前に、大変美味しいパン屋さんがあります。パン屋にしては珍しい緑とサーモン色の店頭が個性的。「ル・パン・オ・ナチュレール(LE PAIN AU NATUREL)」(自然派パン)というこの店はバイオ専門で、パンしか売っていません。ケーキなんて一つもないのです。バイオパン一筋のお店です。ここのレーズンパンやクルミパンをみなさまにもお分けしたいくらい、最高に美味しいのです。

日本の方がお米にこだわるのと同様にパンにもこだわりたいですよね。では、せっかく買ってきたパンがカチカチになって乾燥してしまったらどうしましょう。

ご心配なく、リサイクル方法はいくつかあります。

フランスパン徹底利用レシピ

●残った「パン」はスープのクルトンに

クルトンとはスープに入れるカリカリっとしたちいさな揚げパンのこと。今時、みんなクルトンをスーパーで買いますが、余った乾燥したパンでクルトンはいくらでも作れます。

【食材リスト】カチカチになってしまったフランスパン／オリーブオイル／ニンニク
【調理用具リスト】オーブン
【作り方】
①残ったパンにオリーブオイルを少し塗り、オーブンでカリカリにする。
②そこにニンニクがあれば、ニンニクをパンにちょっぴりこする。
③2～3センチのサイズに適当にカットして、スープの上に乗せていただく。う～ん、地中海の味、ごちそうさまです。

●パン・ペルデュー

【食材リスト】
カチカチになってしまったフランスパン
牛乳／卵／バター／粉砂糖
【調理用具リスト】ボール／鍋
【作り方】
①パンを冷たい牛乳の入ったボールに入れて少しおく。
②①の水分を切り、かき卵をかけ、バターの入った鍋でフライする。
③鍋から取り出して粉砂糖をかけて熱いうちにいただく。
アレンジ：アーモンドの粉をかけても美味しい。大人の味にするには、コニャック酒を少しかけてテーブルの上でフランベするのもいい。

●フライド・ミルクパン

【食材リスト】

カチカチになってしまったフランスパン

牛乳／卵／砂糖／小麦粉／バニラ

【調理用具リスト】

ボール／鍋

【作り方】

①牛乳、卵、砂糖、小麦粉、バニラをボールで混ぜあわせる。

②①の中にパンを入れ絡ませる。

③取り出してバターの入った鍋の中でフライする。

④熱いうちにいただく。

●サラダのクルトン

【食材リスト】

カチカチになってしまったフランスパン

植物性のオイル／サラダ

【調理用具リスト】オーブン

【作り方】

①硬くなったパンに好きな香りの植物オイルを塗る。

②①をオーブンに入れてカリカリにする。

③オーブンから取り出して、温度が下がったら、5ミリくらいのサイズに切って、それをサラダに入れる。

番外編●ポッポッポ

フランスでは、残ったパンはつぶしてハトポッポにあげます。田舎では、庭での食事が終わると最後にナプキンのパンかすを残して、ナプキンを振ります。鳥が喜ぶ。

5

「シンプルだけど
気持ちが伝わる人づきあい」
のための贅沢な節約生活

Fric, cadeau ou bizou?

一万円のマニュアル花束がかなわないアイディア・ラッピング

友人のお誕生日パーティーや結婚式に誘われた時の最も大切な点はなんだと思いますか？

その時に持っている贈り物？　ノン、あなたの笑顔です。

そして、贈り物は笑顔と同様に素直でシンプルでいいのです。たとえば、私は友人にお花をプレゼントしたい時には、お花は買っても、店にはラッピングもリボンも外してもらいます。

実は日本に来た時に、なんて日本のお花屋さんはセンスが悪いんだろう、と驚いてしまいました。五〇年前のマニュアルどおりのラッピングをいまだに続けている。もちろん、東京にもパリにもセンスの良いお花屋さんはありますが、必ずしも家の近くにあるとは限りませんよね。パリの家の近くにある花屋も限りなくセンスが悪く、あの、悲しい透明のビニールラッピングを、どうせ後で外すと思うと、地球のゴミを増やすだけでいいことではありません。

私は裸のままのお花を持って帰って、家にある生地でリボンを作ります。サテンではなく、お花によっては綿やジーンズの生地や、それこそ新聞紙を三つ編みにしてリボンにしたりと「家にあるもの」で暖かい、ハートフルなリボンを作ります。これにかけた時間はあなたの愛情として相手に贈ることができます。

お花屋さんで一万円の下品なラッピングに包まれた花束よりも、三〇〇〇円でラッピングを自分で考えた花束のほうがずっと素敵だと思うのです。

お花以外にも、プレゼントできるものはいろいろありますね。同じように一〇〇〇円くらいのガラクタをプレゼントするよりも、自分で何かを作ったほうが素敵だと思いませんか？

私の三〇歳の誕生日の日に、友人のシャラちゃんはとても「楽しい」贈り物をしてくれました。画用紙に花の形に作られたバス用のウォッシングタオルをくっつけて、周りに花の絵を描いて、

「綺麗な三〇歳のお花がもっと綺麗になるためにお花を贈ります」

と書いてあったのです。素敵でしょう？　お金はかけなくても想像力さえあれば感動的

なプレゼントはいくらでも考えられるのです。たとえば、クッキーでもいい、公園で泥棒した⁉　お花でもいいのです。とにかく「大好きだよ」というハートを伝えられることが大事なのだから。

もう一つの方法は、他の友人と集まって複数で一品買う方法。この場合は前もって欲しいものを聞いておきましょう。

「お金を包まない」お祝いのしかた

初めて日本の結婚式に招待された時、とても驚きました。「お金を包む」という習慣は知っていても体験はなかったのです。頭を使ってプレゼントを考える必要もないのでシンプルだな、と思いました。

フランスと日本では結婚や出産、お見舞いやお悔やみなどの「冠婚葬祭」をはじめとする贈答の習慣がかなり違います。

フランスの場合、家族や近い友人はお金を差し上げるのは許されても、それは親密だからできること。フランスでは「お金を渡す」というのは直接的すぎて、乱暴に感じられるのかもしれませんね。

結婚の場合、結婚する二人は一般的には大きな百貨店に行き、新婚生活のために必要な商品を選び、百貨店側の「リスト・ドゥ・マリアージュ（Liste de mariage）」（ウエディング・リスト）の担当者に伝えます。そこで、担当者は各商品とその価格のリストを作り、新婚さんは結婚式への招待状と一緒に「リスト・ドゥ・マリアージュ」を作ってある場所（百貨店名）を書いて送ります。結婚式に招待された人はその百貨店に行き、リストを見て自分のプレゼントしたい物を選んでその分のお金を払って帰ります。そして、結婚式の直後に百貨店が商品を届けるというシステムです。もちろん、新婚さんが自分たちが欲しい物を選ぶ際に、安い物（フライパンやバスグッズのような物）もあえて選んでおくのが礼儀。なぜなら、招待した人みんなが裕福とは限らないからです。

この「リスト・ドゥ・マリアージュ」の人気商品には大きい物では家具や洗濯機、その他、食器やバス用品、キッチン用品などがあります。

また、出産のお祝いの場合は、日本と同じように子供服やおもちゃをプレゼントするのが一般的です。16区（日本でいう田園調布）のお嬢様育ちの家庭では「リスト・ドゥ・ネサンス（Liste de naissance）」（ウエディング・リストの赤ちゃん用具バージョン）というものもありますが、これはウエディング・リストほど一般的ではありません。

私はその両親と仲がよい時は、むやみにおもちゃをプレゼントしたりしないで、前もって彼らが一番必要とする物（たとえば赤ちゃんのベッドや赤ちゃん用の椅子など、実用的なものが多い）を聞いておいて、それをプレゼントします。

一般的には子供服やバス用品やおもちゃを贈ります。お母さんにも個人的なプレゼントを贈ることもあります。しかし、出産のお祝いのプレゼントは出産前に贈るのは失礼とされています。

今どき「銀のスプーン」とか、「銀のフォトフレーム」といった記念的なものを贈っても意味がないと思います。私は、その赤ちゃんが大人になっても、捨てずに持っていたいような物を考えます。だって、どうせ他のみなさんはありきたりのおもちゃをプレゼントするのだから、私はもっと綺麗なものを探してきます。もっと暖かいもの。木でできた古いおもちゃや、綺麗な素材でできたおもちゃ入れなど。後に、その人やその人の子供も使いたくなるようなものを考えます。

病人へのお見舞いには一般的にお花を持っていきますが、香りの強い花を贈るのは失礼とされています。これは日本でも同じですよね。長い入院の経験のある方はご存じだと思いますが、とにかく患者さんは退屈しているのです。私はお見舞に行く時には、とにかく本や雑誌をたくさん持っていきます。その人の好みに合いそうなものを選びますが、あえて入院しない限り絶対に読みそうもない雑誌も買ってみます。特にゴシップ雑誌やバカげている雑誌、そしてゲームの多い雑誌。相手は「バカだね」と言うかもしれませんが、きっと私が帰ったら好奇心がそそられて読んでくれるのではと思うと楽しい気分になってしまいます。

亡くなった方へのお悔やみの場合、フランスでは日本の「お香典」のようにお金は発生しません。残された家族に花を贈るのが常識です。亡くなった方が子供や若い人、若い女性の場合は白い花、もしくはピンク系の花を選びます。大人の場合は、薄い紫色か地味な色の花を贈ります。

エレガントな「ごちそう」のなり方

友人たちやボーイフレンドと食事に行く場合、たとえば家庭料理風のリーズナブルなビストロに行くのか、あるいは話題のフレンチレストランに行くのか。自分の、そして相手の懐《ふところ》具合も気になるところでしょう。誰のお財布事情に任せるのがスマートかは、事情や相手によって異なります。よく「フランスの男性はケチでしょう?」と言われることがありますが、私はそうは思いません。少なくとも私の周囲の男性はとても紳士的です。女性を誘って「食事でもいかがですか」という時は、ほとんどの場合、ご馳走《ちそう》してくださる。この場合、誘ってくれた男性がお金を払うのが一般的であり、それに同意するのも女性のエレガンスの一つです。遠慮して「いいえ、私も……」というのはあまり素敵ではありません。

日本で外食をして、とてもかっこうの悪いエピソードをたくさん見てきました。お食事が終わるとレジ前で(一応)お財布を出す(フリをする)人……。フランスではそんなふるまいはとても失礼です。招待する方は食事が終わるとなにげなくレジに払いに行きます。エレガントにコーヒーの後にさりげなく払いに行くのです。

ただし、相手が年下だったりお金の余裕のない人の場合は、自分から誘った場合は自分が二人分のお金を出します。同性同士の食事の場合は一般的には割り勘にします。

また、お金のない人は出かける前にストレートに「お金がない」と申し出ます。すると誰かしらが「私に任せろ」と言うのです。お互いに助け合うのが友情なのだから。そう、フランスでは友達同士の変な建《た》て前なんてないのです。日本ではお金がないとかっこう悪いと信じている人がまだまだたくさんいますが、そんな無意味なことに悩まずに、素直にないならない、と言えばいいと思うのです。

そして、次回に貴方が友人を誘ってご馳走すれば、簡単でしょう？

＝パートナーと交わしておきたい「お金」の約束事

人づきあいといえば、もっとも近い間柄として夫婦や、カップルなどそれぞれのパートナーとのつきあい方というのも欠かすことはできません。

ここでは、「お金」にまつわる話を中心に書いてみましょう。

日本に住んでいた頃は、一緒に住んでいたボーイフレンドと生活費をすべて半分ずつ払っていました。つきあい始めてからそのように決め、その後は「暗黙の了解」のまま、その後はお金の話はまったくといっていいほどしませんでした。

パリに帰ってから、女友達と会話をしていたら「絵子は結婚をしたら契約書を交《か》わす？」と聞かれ、驚いたのを覚えています。「私も結婚をする前に母からそう聞かれて、初めて知ったの」と言うのです。大富豪でもあるまいし、愛する人と契約を結ぶなんて、ぜんぜんロマンチックではないわ、と最初は思いましたが、内容を聞いてみたら、なかなかいいアイディアだと思いました。

中途半端な暗黙の了解よりも、結婚前に「お金のこと」をお互いにクリアに設定するのが「大人の発想」だと思ったのです。

ちなみにフランスでは、単純に結婚をし、二人のうち一人が死亡すると、死亡者の遺産も借金も残った相手が責任を取らなければいけません。

このようなトラブルを避けるために「結婚契約」が存在するのです。最近、区役所で、結婚の前に公証人の前でこの契約を結ぶ人が少しずつ増えています。お互いのお金は各自別に責任を取りたがる夫婦が増えているのです。この契約を結ぶと、片方が死亡した場合、その人の遺産も借金も責任を取らずに済む。ちなみに結婚前にこの契約を結ぶ人は二〇パーセント程度。が、数は確実に増えています。

「ユニオン・リーブル（Union Libre）」（正式な同棲）の場合、お互いのお財布は各自責任を持ちます。結婚と違って相手のお財布事情に責任を取らされることはありません。しかし、最近の新しいシステム、「パックス（Pacs）」（パックスの特徴の一つには、ホモセクシュアルの同棲を認めること）の場合、相手のお財布事情の責任を取るまではいかなくても「助け合い、一緒に金銭的な問題をクリアしていく」というニュアンスがあります。ちなみにパックスというシステムが実施された一カ月めには一万二〇〇〇組のカップルが結ばれました。一年目には一〇万人ものカップルができるだろうという統計がでています。

「金の切れ目が縁の切れ目」?

ノン、ノン、ノン。お金よりも愛が大切です。

今まで述べたように、「結婚契約」を結ぶ人が増えているのは、「自分の金銭的なトラブル」を相手に負担させたくないからだと思います。生きているうちはなんとか処理できるとしても、死んでしまっては何もできない。

また「パリジャンの半分は離婚を経験している」という説からすると、やはり離婚になったら？　を考えるのは必要なことです。離婚後に自分が所有する株なり、土地なりを、自分でキープし続けたい気持ちもあるかと思います。それは「お互い様」なのではないでしょうか。

ひと言で言ってしまえば、フランス人は「クール」なんですね。

だからと言って「金の切れ目は縁の切れ目」という考え方とは違います。どのカップルもお互い助け合うのが当たり前です。あなたもそうでしょう？　事情があって同棲している相手が家賃を払えないからといって追い出したりしないでしょう。一般的にはお互いの収入を把握《はあく》した上で自分が出せる範囲を出しています。それは基本的には家賃、光熱費、日常の食費その他生活の必需品つまり「共通費用」もろもろを指します。個人的なもの、趣味の範囲の出費は各自が自分で出す。しかし、事情によって何かが払えない場合は相手に出してもらう。

大事なのはお金のことは定期的に話し合ってクリアにすることです。

カップルの仕組みや収入によって誰がお金を出すのかはいろいろと異なります。「結婚契約」を結ばない夫婦は共同名義の口座が主流でも、最近彼らも、お互い独立した口座を持つケースが増えています（ちなみに、フランス人の貯蓄目的は、①資本を作るため。②一戸建て、あるいはアパルトマンを購入するための住宅貯蓄。③大きな旅のため。一九九九年イフソス調査）。お互い各自が口座を持ち、それとは別に共同名義の口座を持つというのも増えています。それぞれ給料は別々に振り込まれ、共同名義の口座で二人が一定額を持ち寄って、家庭の出費をそこからまかなう、というシステムです。

しかし、多くの家庭では女性も働いているので、ある程度の収入を持っています。共働きの場合、一般的には男性が家賃を払い、女性がその他もろもろ（光熱費、家での食費、日用品）を払い、子供の費用、バカンス費用は家庭によって異なります。前にも書いたようにすべて「割り勘」というのではなく、自分の収入の範囲の中で「ここまでは出せる」という条件を設定し、フェアに分配する。少なくとも私の周りの三〇代のカップルはそうしています。

「手みやげ」の定番

知人、友人の家に招待される時に、何か「手みやげ」を持っていくのが礼儀です。これは日本でも同じですよね。フランスでは一般的にはワインのボトル、もしくは花束を持っていくのが定番です。でも、お金がなくて何も買えない時もあったりします。それを理由にして、せっかくの楽しいひとときのご招待を断わってしまうのは、とてももったいない。

そんな時は、お金をかけずに少しの時間と手間をかければいいのです。しかも、それは「手みやげ」に「自分らしさ」を表現する楽しさまで味わうことができるでしょう。女性なら、たとえば家のキッチンにある材料を使ってケーキやクッキーを焼いて持っていく手があります。男性なら二〇〇円あれば、お花の一輪くらい買えます。一輪でもいいのです。大切なのは気持ち。

逆にこちらが友人を家に招く時も、自分なりの予算でお食事の内容を考えます。今時、ハウスパーティーのために無理をして奮発をしてお金をたくさん使うことはありません。パーティーの場合、お酒にお金がかかるので、前もって友人たちに「お酒が持ってこれる人は持ってきて」と頼んでおきます。

ホームパーティーのすすめ

「今日はわが家で、パーティー」。細野晴臣《ほそのはるおみ》が似たようなタイトルの曲を歌っていましたね、フォークの時代に。大好きな曲です。

フランス人はパーティー好きです。ヨーロッパでは昔から「プチサロン」というのがあり、インテリの小さなグループが開催していたプライベートパーティーは社交の重要な場でありました。

私の日本のおじいちゃまとおばあちゃまはその昔、有名な洋画家の藤田嗣治《つぐじ》さんや当時の日本の「インテリジェンシア」（知識人）を定期的に家へ招いてプライベートパーティーを楽しんでいた、と父から聞いたのを覚えています。私の親もハウスパーティーをたくさん行なっていました。七〇年代、八〇年代のパリでは「佐藤家のホームパーティー」はちょっと有名でした。そして私もそんな影響を受けているのでホームパーティーが好きです。

たとえば、フランスでは引っ越しをすると必ず友人を呼んで「クレマイエール（Crémaillère）」（こけら落とし／お披露目《ひろめ》とでも訳しましょうか）パーティーを行ないます。でも、別に特別なきっかけがなくても友人と一緒にゆっくり家でディナーをして、その後、朝まで討論するのは珍しいことではありません。

さて、パーティーに関しても、日本とフランスでは違いがあります。圧倒的にフランス人のほうがホームパーティーを行ないます。日本人がパーティー嫌いという意味ではありません。しかし、長年日本に住んで気づいたのは、ダンナさんとワイフが一緒に同行する機会がフランスよりも少ない、という点です。ダンナさんは自分の男友達と遊び、ワイフは自分の女友達と遊ぶ。それはそれで素晴らしいのですが、二人でパーティーに参加することは少ない。つまり、よく言えば、日本人は家庭では見せない別の次元のプライベートタイム「自分の時間」「自分の世界」を持っているのです。日本にはフランスにはない意味の「独立」があります。

逆にフランスのカップルはどちらかというとベッタリしていて、ある晩、ダンナさんが「ごめん、男友達の家で飲んでいた」と言って帰ってきたら、まず女性は「なぜ私も招待しなかったのよ～」と説教するでしょう。ちょっと大げさではありますが、日本人とフランス人の「プライベートな時間」の次元は違います。だから、よく人は「フランス人は個人主義、日本人は団体主義」と簡単に言いますが、その表現は一〇〇パーセント正しいとは思いません。

日本人特有の「プライベートタイムの使い方」はそれなりに魅力がありますが、もっともっと夫婦（もしくはカップル）で一緒にパーティーを楽しんでいただきたいと思います。そしてもっとホームパーティーを開催していただきたいのです。

今、日本ではインテリア商品の市場が大変向上している時期。売り上げが爆発的に伸びていると言われています。それは、二十一世紀を迎えようとしている今、私たちは「癒《いや》し」そして「心地よさ」を求めているからではないでしょうか。そしてマイホーム、マイアパートの「中味」を考え直し、より自分に優しい空間作りを求めているのではないでしょうか。とても良いことですよね。それに成功をしたら、今度はパーティーを企画しませんか？

私はボーイフレンドとホームパーティーから帰ってくると、

「やっぱりそこにいた女性の中で君が一番ファニーだったね」

と時々言われます。パーティーの場では、男は自分のガールフレンドの新しい面を発見するのです。女性もボーイフレンドの、今まで見ることもなかった新しい面を発見する。ダンスが上手だったり、笑い話をするのが上手だったり、紳士的だったり……お互いホレ直すことも少なくありません。だから、もっと日本の方にはホームパーティーを一緒に楽しんでいただきたいのです。

さあ、ホームパーティーを始めましょう

パーティーをするからと言って無理をするのはシャープではありません。招く側にとってパーティーが苦痛であっては、当初の「楽しもう」という発想が台無しになってしまいます。

ここで、呼ぶほうも呼ばれるほうも気持ちよく、しかもお金の面でも無理のない、シンプルでシックなパーティーのコツをいくつか紹介しましょう。

＊チープな「グラス」とご自慢の「大皿」そして万能「紙の取り皿」を用意する

ポイントは後片づけが大変にならないように考えること。わが家には素敵なクリスタルのシャンパングラスがあります。本当は出したいけれども、パーティーの楽しみの一つは心地よくお酒をいただくことでもあり、最終的に割れ物が必ず出てきます。パーティーの趣旨は楽しむこと。けっして自分の素敵なグラスのお披露目パーティーではないでしょう。

だからと言って、紙コップではむなしい。よって私は、普通のガラスコップを出しますが、これらのコップをパーティーコップに変身させるため、セラミック用の透明感のあるペンキを塗ってコップを飾るのです。細い筆を使うのがポイントです。どんな柄でも楽しめる。これらのコップは本当にチープでいいのです。日本にもきっとあると思います、バカ安いガラスのコップが。そんなごく普通のコップに少しだけペイントすると驚くようにチャーミングに変身します。ポイントはたくさんベタベタ塗らないこと。何気ないワンポイントでコップが生きるのです。しかも、すべて柄が違うとお客さんは自分のコップが選べて、しかも見分けられます。割れてもいいのです。とにかくいっぱい準備しましょう。

お料理のお皿は自慢のお皿を使いましょう。いくらなんでも、テーブルのお皿を割る人はいないと思います。しかし、取り皿は紙皿がベスト。パーティー経験者の言葉を信じましょう。そのほうが使う人にとっても、便利なのです。いくらでも換えられるから、いくらでも違う料理が楽しめる。

＊前にも書きましたが、アルコール類は最低限しか準備しない。友達に持ってきてもらいましょう

＊お部屋がタバコの煙でムンムンしないためのコツ

とってもシンプルです。水分の入ったスポンジを小皿に置く。そう、もう一つの手はロウソクをいくつか点《つ》け、高い位置に置きます。これらの方法で煙がなくなります。しかし、ロウソクを必要以上に点けるのは避けましょう。逆に蠟《ろう》の煙の匂いが苦痛になってはいけません。

＊手作りキャンドルでも、素敵な演出が楽しめる

リサイクルで自分でロウソクを作ったことがあります。

フランスでは、ある種のチーズの包は蝋《ろう》でできています（たとえば「バビベル」というチーズ）。それを小さく切って、小さなコップ、もしくは使い終わった日用品のボトルのふたの中に入れます。

湯煎なべに少々水を入れ、そこにふたを置き、蝋を溶かし、中に芯を入れてでき上がり。

使い終わった蝋をリサイクルしても同じことができます。身を取り除き、横三分の二に切ったオレンジの皮に入れてみるのも楽しい。その時には蝋は溶かしてからオレンジの皮の中に入れましょう。

＊ゴミの始末をゲストにも協力してもらう工夫

テーブルの横の部分に大きなゴミ用のビニール袋をガムテープで貼っておきましょう。ゴミが出てくるたびにマスターの私がそれを拾ってキッチンに行き捨てていては、魅力がありません。ゲストに対しても、変にプレッシャーを与えるようで、よろしくありません。こうして大きなゴミ袋を置いておくとゲストも自然に簡単に捨ててくれる。しかも後片づけが楽になります。

＊ 簡単で健康的で経済的で美味しい料理を出しましょう

生の野菜やクラッカーや焼いたパンにつけて食べる美味しいソース、もしくはペーストを作っておけば楽しいパーティー間違いなしです。あなたもフレンチスタイルにトライしませんか。

これで多文化の街、パリ風パーティーの成功、間違いなし。

ホームパーティーの簡単お助け「楽しいペーストレシピ」

●タプナード

　これは南仏の一品です。焼いたパンや野菜、パスタにつけて食べる、地中海の太陽の香りの一品。

【食材リスト】

種を取ったオリーブ　225グラム
ケッパー　大さじ1／アンチョビ　1切れ
オリーブオイル　大さじ3
レモン汁 小さじ1／マスタード　小さじ½
つぶしたニンニクの球芽　1
ロリエの葉をハッシドしたもの　小さじ½

【作り方】

①ケッパーは20分間水にひたし、塩分を抜く。
②そして材料をすべてミキサーにかける。
(ミキサーがない場合には117ページを参照してください)

アドバイス：ちょっと粒っぽい感じがポイント。

●ナスのキャビア

　これはギリシアの有名なペーストです。同じく焼いたパンにつけて食べる。

【食材リスト】大きめのナス　2つ
オリーブオイル 大さじ2／つぶしたニンニクの球芽　2／レモン汁　大さじ2~3
パプリカ　1ふり／塩、黒胡椒　少々

【作り方】

①ナスは45分間オーブンで焼く。
②皮が全体的に黒くなり、身が軟らかくなったらオーブンから取り出す。
③皮はむいて捨てる。
④オリーブオイル、ニンニク、レモン汁(これは大さじ2)、塩、胡椒とナスを混ぜ、ピューレにする。
⑤最後に塩、胡椒、パプリカを入れる。味見をして、好みによってレモン汁を足す。

●にんじんとポテトのペースト

これはイタリア料理の一品。

【食材リスト】

皮をむき、スライスしたポテト　325グラム

皮をむき、スライスしたにんじん　325グラム／ニンニク球芽　2

オリーブオイル　大さじ2／レモン汁大さじ1

パウダーのクミン　大さじ4

カイエーヌのピーマン　1ふり／塩、胡椒　少々

【作り方】

①ポテトとにんじん、ニンニクと塩を少し入れた鍋に入れてゆでる。

②やわらかくなったら、水分をなくし、オイルを入れてつぶす。

③そして残りの材料を混ぜてでき上がり。

●イエローピーマンのディップ

これは、スペインの料理です。

【食材リスト】

黄色いピーマンのピューレ。

黄色いピーマン　2つ

フェタチーズか、やぎのチーズ　100グラム

フロマージュブラン　150グラム

オリーブオイル　大さじ2／塩、胡椒

【作り方】

①グリルでピーマンを焼く。

②皮が全体的に黒くなったら、それを水の入ったボールに入れ、皮をとりはずし、種もとる。

③水気をとる。

④適当に小さくきざみ、チーズと一緒にミキサーにかける。

⑤なめらかになった段階でオリーブオイルを少しずつミキサーし続けながら入れていく。

⑥最後に塩、胡椒を入れて味を整える。

6

「心が豊かになるアートやバカンス」のための贅沢な節約生活

Art et voyage:visite de nouveaux champs d'exploration

心に刺激をプレゼントしてくれるアート

パリは芸術品です。

私がパリで一番魅力を感じるのは夜から朝になろうとする時間、五時や六時にセーヌ河沿いを散歩する時です。車以外はまったく静かで、夜が開ける前の瞬間に鳥の鳴き声が聞こえてくる。見渡す限り街が美しいのです。そしてピンク色の空が綺麗な光を作り出す。

何度この夜明けのバラードを繰り返しても一生飽《あ》きることはないでしょう。「生きていてよかった」と思うのです。そして、私たちの人生を汚す「人工的な要素」が、実はなんの意味もないのだと心から思えるのです。

そういう意味でパリはアートであり、パリはアーティストを惹《ひ》きつけるのだと思います。

今の時代は特に情報システムネットワークが進み、流されて「大事なもの」を失いやすい時代だと思います。こんな社会の中では「真剣に考える時間」が少なくなってきているような気がします。仕事場では考えます、家でも考えます。でも、熟考することはあまりありません。

みなさんがパリに来て、美術館にある絵画や美術品を鑑賞されるのと同じように、アート作品の前に立つと私は熟考できるのです。逆に言ってしまえば、アートを見るとそのアブストラクト（抽象的）な作品が私に新しい「発想」をプレゼントしてくれるのです。自分の口癖《くちぐせ》ですが、「このメチャクチャな社会を救ってくれるのはアートだ」と思うのです。作品を見ている時間は自分の宇宙空間なのです。受け止め方は完全に自由であり、そこから得られるものも限りなくたくさんあるのです。

簡単には「評価」されない「芸術の都パリ」の裏側

パリはファッションの都、芸術の都と言われています。ですが、同時にパリは見かけにないのです。パリがこんなに美しいのは「過去の宝物」を大事にキープしているからです。同じように、フランス人は「絶対に認められる」ものしか信用しないのです。

たとえば日本の雑誌やメディアでは、新しいものが登場するとすぐに取り上げられて、そして受け入れますよね。フランスではそうはいきません。新しいファッションデザイナーが面白いコレクションを発表したからと言って、それを即座に取り上げたりはしません。そのデザイナーが才能を繰り返し証明しない限り、簡単には受け入れないのです。

最近は情報化システムが急速に進んできているので、テレビや雑誌といったメディアも新しいものを取り上げるようになりましたが、必ずと言ってもいいほど「ほめまくり」ません。必ずアイロニック（皮肉）になったりするのです。なにしろ情報を発する編集者、記者には高いプライドがあるため、取り上げても賞賛ではなく「批評」するのです。よって、パリで認められるには大変時間がかかります。しかし、その反面、一度認められると尊敬される。そんな「大事な存在」を使い捨てにしない国だからこそ、いいものがたくさん残るのだと思います。

こうして考えると、日本のほうが実はとても「お硬く」みえて、本当はとてもオープンなことがわかります。そのかわり、ころころと情報が流れ、浅い要素もありますが。しかし、そういう受け入れ体制ができているということが豊かさの一部だと思うのです。

アートとのつきあい方

「人は学ぶために生まれてきた」

私はこの言葉が大好きです。画廊巡りも人生のステップアップの一つだと思います。感動を味わったり、いい「熟考」をする可能性がそこにはあります。素晴らしいことにパリには画廊がたくさんあり、フランスの場合、画廊には入場料はありませんので、いくらでも楽しむことができます。

美術館も大変多いので、とにかくアート面ではパリは優れていると言えます。

しかし、画廊や美術館だけではなく、私たちには「本」という素晴らしい武器があります。小さな書店で立ち読み鑑賞をするのはさすがに難しくても、大きな美術館の書店や図書館に行けばいくらでも「豊かな勉強」はできますよね。

画廊にある作品に止《とど》まらず、どこかのお店で目に留まった豪華なものを見た時など、ドキドキしますよね。欲しくてしょうがないものを発見して「あ〜、お金がたくさんあったら買えるのに……」とちょっと胸がキュンとくることってよくあります。そんな時、私はこうするのです。その作品をじっくりと鑑賞し、味わって、心に受け止めて、そしてこう思うのです。

「お店の皆さん、これは私の所有物です。お店に預けておきますからね」

と。そうするととっても豊かな気分になれるのです。単純ですね。私は。

二泊三日の「贅沢な」一万円プチバカンス

心を潤《うるお》してくれるものは、他にもあります。そう、バカンスを忘れてはいけません。バカンスというものは、(他のものもそうですが)「期間の長さ」よりも「そのクオリティー(質)」のほうが大事だと思います。よって、短くてもエキゾチックだったり豪華だったりする「プチバカンス」は捨てたものではありません。

たとえば夏休みに二週間、パリとその近郊でゆっくりして、残りの三日~一週間、車で遠出するのも楽しいものです。ちなみに車でアムステルダムまで往復二万円もかかりません。四人で乗れば、一人五〇〇〇円。テントで寝ると〇円。このようにして、イタリア、スペインに行く人も少なくありません。そういう意味では陸続きのヨーロッパは魅力的なのですね。さすがに一人で行くのは「地味」で寂しいですが、四人だと、テントも冒険気分を味わえてワクワクしますよね。

私は春にノルマンディー地方に行くのですが、やはり四人で車で行くと、一人三〇〇〇円もかかりません。初めて行った時に、夕方現地の「シャンブル・ドート(Chambre d'hôtes)」(一般人のご自宅もしくは別荘で泊まること。これはホームステイとホテルの中間)を探し、高すぎたり、満員だったりで、最終的に高速道路沿いの公園でミニテントを張って寝たのを覚えています。雨と風で最初はさすがに寒くて眠れませんでした。しかし、疲れでいつのまにかぐっすり眠ってしまいました。生まれて初めてこんなにみじめな場所で寝るということの経験があまりにも面白く、翌朝はその話で盛り上がりずっと大笑いをしていました。そして新たにシャンブル・ドートを探し、結局素晴らしい場所が見つかったのです。

やっと見つけたシャンブル・ドートは昔、ある貴族の別荘で、まるで小さなお城のような建築。オーナーのカップルは屋根裏部屋を四人用の部屋に改装しているのです。大きな四人部屋が一万二〇〇〇円。つまり、一人三〇〇〇円で済むのです。お昼は海で泳ぎ、夜はあの有名な映画『男と女』の海岸の砂の上に寝転んで星をながめる……。二泊三日でも充分に感動的な「プチバカンス」を過ごしました。そして、わずか三日でも、素敵な思い出を心と胸いっぱいにして、パリへ戻ったのです。

「地味バカンス」の楽しみ方

ある日本の新聞でこんな記事を見つけました。

「フランス観光省の調査によると一八歳以上のフランス人の四〇パーセントは、バカンスを取りながらも、海や山などに繰り出していないことがわかった。年間五週間の法定休暇が保証される同国だが、自宅周辺で夏休みを過ごす層は意外に多く、〝フランス人の豪華バカンス〟といったイメージは、誇張されすぎとも言えそうだ」

というものです。

ちなみに、この五週間の割り振りは、自分で決めて会社に申し届けて定めていくというシステムが一般的であり、通常は会社の「都合」にも合わせて夏におよそ三週間、冬に一週間そして春に一週間休暇を取ります。休暇を取る月もお給料が入ります。

しかし、当然のごとく、職を持っている人みんながサラリーマンではなく、自由業の人や独自で個人の会社を経営する人も多く、毎月自動的にお給料が入るわけではありません。休暇は取りたいけれどもあまり予算のない人が大勢います。

貧乏パリジャンの多くは夏休みや冬休みに実家へ戻ります。また、夏は友人を連れて実家へ戻るケースが多い。そして、翌年には、今度は友人の実家へ招待されるというパターンがあります。そうするとほとんどお金はかかりません。通常、親がごちそうしてくれるので、食費もほとんどかかりませんし、宿泊代もかからないのです。

日本人の若者の多くは「自分の田舎はかっこう悪い」と思っているのか、なかなか友達を田舎の実家に招待しないのではないでしょうか。フランスではそんなことはありません。招待する友人もされる友人もワクワクできる楽しいバカンスになれるのです。

よって、この新聞記事の雰囲気によると「自宅周辺での夏休み」が地味に見えても、実はその利用法しだいで面白いバカンスにもなるのです。

「自宅」がどこの街なのかにもよりますが、パリジェンヌの私にとってパリとその近郊での夏休みは大変豊かな休暇になります。東京のお盆休みの時期のように、都会人が大勢いなくなり、街が静まり、その感覚はとても気持ちのよいものです（外国からの観光客がいなければ、もっと気持ちがいいのですが）。

また、自宅での夏休みを利用して、日曜大工派の人は家のペンキの塗り替えやリフォームなどをする人も少なくありません。

ここで、パリ周辺で過ごすバカンスの楽しみ方をいくつかご紹介しましょう。

自分の街で「旅」気分を満喫《まんきつ》するために

パリとパリ近郊では、お金がなくても充分に楽しめるレジャーはたくさんあります。パリはまさにレジャーの「玉手箱」なのです。

◇パリで「世界一周ツアー」を楽しむ

パリにも葡萄《ぶどう》畑があるのをご存じでしょうか？

そう、そんな例を挙げ出すと切りがないほどに、パリには意外な面がたくさんあるのです。パリの魅力は長年住んでいても、いつも発見があるという点。この街にはさまざまな地区があり、そこを訪れるとパリの新しい顔を発見できるのです。

私は数年前に、インドカレーを徹底的に追求した時期があり、友人たちと「週一回はインドカレーのレストランに行く」という企画をたてました。そこで発見したのが「リトル・インディア」とも呼べる10区の「パッサージュ・ブラディ（Passage Brady）」。ここは古い建物の一階にある長いアーケードで、インドやパキスタンのレストランやスパイス、食品店が並ぶ通り。ここの通りの香りといい、働くインド人の顔といい、パリにいるのを一瞬忘れてしまいます。レストランでは一〇〇〇円もあれば充分に気取らない本場風のカレーが楽しめました。毎週このアーケードに行ってレストランを全部トライしたのを覚えています。

また18区のアラブ人街では究極に安い洋服屋、靴屋、古着屋がたくさんあり、トランプゲームを真剣に楽しむ男性しか集まらないカフェに入ってみるのも一つのカルチャーショックだったりします。5区のモスケ（イスラム教の寺院）に行ってそのカフェでオリエンタルな建築や内装を味わいながら甘いお菓子とミントティーをいただくのも捨てたものではありません。ついでにハマム（イスラム式のサウナ）なんて最高です。

また13区の中国人街の巨大なチャイニーズ・スーパーマーケット「シェ・タング・フレール（Chez Tang Freres）」に行くのも楽しい。10区のアフリカ人街に多いアフリカ人向けのちょっとエキゾチックな化粧品屋や魔術師が使いそうな不思議なローションやキャンドル屋さん、カツラ屋を覗きながらの散歩。

そんな意味でパリジャンも散歩一つで旅気分が味わえるのですね。

◇ローラーブレードと自転車がもたらしてくれるパッション

三年前にメトロがとても長い期間ストをしました。それをきっかけにパリをローラースケートやローラーブレードで移動する人が増え、今やパリでは定期的にローラーブレード、パリを一周して走る企画が行なわれています。

また、年に一日だけ「車を使用しない日」というのが指定され、それ以来、自転車で移動する人が増えました。ここ二年、パリ市は自転車専用の道路作りに力を入れ、さらに自転車派の人が増えたのです。

自転車でパリ探検を企画す

る協会が少なくありません。「パリの像ツアー」や「食いしん坊ツアー」などといった自転車ツアーがたくさんあるので、トライしてみては？

今時、土日のパリはローラーブレードと自転車で走る人が大変多いのです。天気のよい日の歩道なんて、歩いている人が気をひきしめないと、ローラーブレードを始めたばかりの四〇代のカップルと「ごっつんこ」しそうなくらいに年齢に関係なくこのスポーツのファンは急激に増えています。

金曜日の夜、家で原稿を書いていると「ゴア〜」という、まるで重い戦車のアプローチのような音が響いてきます。窓を開ければ、数千人にもおよぶローラーブレーダーの三時間、二五キロ「パリ一周ライド」をベランダから見物することができます。最初の頃は数百人規模の参加者でしたが、今では桁《けた》が増えました。私はこの音が聞こえてくると必ず窓を開けて見てしまいます。感動してしまうのです。こんなに多くの人が年齢に関係なく、ひとつのパッションを分かち合っていると思うと、本当に、毎回感動してしまいます。そして私もこの本を書きおえて、時間の余裕ができたら絶対にキックボードで一緒に一周したいと思っているのです。

ちなみにこの一周の先頭にはパリ市のポリスバイクがエスコートしており、後ろでは救急車がひかえています。また、車道を使用しているため、ポリスが交通整理をしているという、パリ市のお墨付の上でのライドなのです。日本ではキックボードが流行っているようですが、東京都がいつキックボード東京ライドを企画するのか楽しみですね。

◇日曜日は地元で遊ぼう

バカンスの時期に、お金の余裕がないためパリに残る人を「かわいそう」と思っては大間違い。パリとパリ近郊は天気がいいと最高に楽しめます。日曜日には、家にいるのがもったいないほどです。

春になるとセーヌ河のほとりで友達の誕生日を祝ってピクニックをします。夏になるとタンゴのレッスン会というのがセーヌ沿いにあって、見るだけでも、参加するのも楽しい。13区の新国立図書館の前に浮かぶバトファーという船が企画する野外ショートムービーやビデオ上映フェスティヴァルに行くのも楽しい。

友達と車で牧場探検をしてみるのも面白いでしょう。パリから近い牧場はいくつかありますが、そこでは牧場の動物を見るだけではなく、季節によってはバター作りに参加したり、野菜畑の場合は野菜取り放題で格安で持って帰ることもできます。

また、パリ近郊の「ラ・ヴィレエト湾（Bassin de la Villette）」では無料のカノエやカヤック、ヨット体験コースが楽しめる。

パリのレジャーは、このテーマだけで一つの本が書けるくらいに楽しい過ごし方はたくさんあります。日本のみなさんも、ぜひ地元での「プチバカンス」の楽しみ方を再発見してみてはいかがでしょう。

退屈な冬休みの素敵な過ごし方

冬休み。これは春や夏の素晴らしい季節に比べると「退屈だ」と思えてしまいます。ちなみにフランス人はクリスマスの季節はおよそ一週間休暇を取って実家に戻り、家族と一緒に過ごしたり、スキーを楽しんだりするケースが多い。

パリから離れて経済的な冬休みを過ごしたいパリジャンは実家に戻ります。東京もそうであるようにパリに住む人みんながパリで生まれ育った人ではありません。よって、実家に帰るということじたい、小さな旅だといえます。また、フランスではクリスマスを家族と一緒に過ごすのは一つのしきたりのようなもの。

私は毎年この時期を、ボーイフレンドと一緒に彼の南仏の実家で過ごしています。田舎町の山のてっぺんにあるセカンドハウスはとても素敵なのですが、毎日雨ではお散歩すらできません。ただでさえ田舎嫌いの私は退屈と戦うしかないのです。しかし、ここは田舎。田舎ならではの生活のコツをここで体験してみれば、けっこう新鮮で楽しい時間が過ごせることに気がつきました。

フランスのどの家庭にも「おばあちゃんの知恵の本」があります。本がなくても田舎のお母さん、おばあちゃんはたくさんの生活の知恵を知っているのです。私はそれらを覚えて「経済的でシャープな日常生活のコツ」をたくさん学びました。そして冬休みの退屈タイムを「おばあちゃんの知恵」の体験タイムとして楽しく過ごすようになったのです。

これから紹介する生活の知恵を体験してみてはいかがでしょう?

エコノミックでエコロジックな生活のコツばかりを集めてみました。

フランスの田舎のおばあちゃんの知恵／美容編

◇顔の吹き出物が多い人のためのエステ

《用意する物》　タイム・ロリエ・レモン・鍋・コットン

フランス人の台所には必ずタイムとロリエの葉があります。煮込み料理を作る時のブーケガルニのハーブです。

①水の入った鍋にタイムとロリエを入れて沸騰させる。
②鍋をテーブルに置き、火傷《やけど》をしない距離に顔を近づける。
③頭全体をタオルでおおい、水蒸気が逃げないようにする。
④水蒸気が顔に当たり続けるまでこの姿勢をキープする。
⑤終わったら顔を拭かずに、コットンにこのハーブ水とレモンの汁を含ませ、それで顔

を拭く。
アドバイス：毎日続けていくとより効果的です。

＊

◇脂っぽい肌の人のためのホームマスク

《用意する物》　卵1個・ラム酒小さじ1・レモンひと絞り

①卵を1つといて、中にラム酒とレモンの汁を混ぜる。
②これで顔をパックする。
③20分後にぬるいお湯で洗顔する。

＊

◇乾燥した肌の人のためのホームマスク

《用意する物》　バナナ1本・蜂蜜小さじ1

①バナナを1本つぶして、蜂蜜と混ぜる。
②これを顔にパックする。
③20分後にぬるいお湯で洗顔する。

＊

◇すべすべと軟らかい手のために

《用意する物》　塩水・砂糖水

①数分間、手を熱い塩水につけてから次は熱い砂糖水につける。

②後は水で洗う。

◇**白い歯のために**

《用意する物》　セージ

セージの葉で歯をブラッシングする。タバコを吸う人は、週に一回続けていくと効果的。

＊

◇**乾燥髪の人へ**

《用意する物》　卵2つ・ヒマシ油小さじ1・ラム酒小さじ1

①卵の黄身とヒマシ油とラム酒を混ぜる。
②これで頭皮をマッサージし、髪全体に広げる。
③シャワーキャップをつけて最低30分待つ。
④後は水でリンスする。

＊

◇脂っぽい髪の人へ

《用意する物》　油（オリーブオイル、ヒマシ油など）　あるいは　レモン

シャンプーをする前に油を髪に広げ、頭皮をマッサージする。
あるいは、シャンプーとリンス後にレモン汁の入った水で髪を洗い流す。

＊

◇キラキラヘアのために

《用意する物》 ワインビネガー

輝く髪にするには、リンス後にワインビネガーを含む水で髪を洗い流す。

＊

◇もっと美しく日焼けをするために

《用意する物》 オリーブオイル

一日の日光浴後にオリーブオイルを大さじ1杯飲む。

フランスの田舎のおばあちゃんの知恵／家事編

◇金の小物をピカピカさせるために

《用意する物》　パンの身

急いでいて、時間の余裕のない時には、パンの身で磨くと光る。

＊

◇銀の小物をピカピカさせるために

《用意する物》　レモン

レモン汁で洗い、お湯ですすいで磨く。

＊

◇アルミの鍋の底のしつこい汚れをとる

《用意する物》　レモンあるいはジャベルウォーターさらに塩

レモン汁の入った水を沸騰させる。それでもしつこいなら、ジャベルウォーターの入った水を沸騰させる。まだまだダメなら底に塩をたくさん振り、二時間寝かせてから洗う。

＊

◇ナイフの刃が錆びたら

《用意する物》　たまねぎ・粉砂糖

①たまねぎを二つに切る。
②ナイフの刃全体に粉砂糖を振る。
③それから元気よくたまねぎでこする。

*

◇アイロンの底が黄色くなったら

《用意する物》　レモン

なま暖かいアイロンの底を、レモンのスライスでこすっていくと元の色に戻る。

＊

◇**窓ガラスをピカピカさせるには**

《用意する物》　ワインビネガー・新聞紙

熱いお湯にワインビネガーを混ぜて新聞紙で磨く。

＊

◇肌にインクがついたら

《用意する物》　トマトジュース

トマトジュースでこすればインクの跡は消える。

*

◇布にインクがついたら

《用意する物》　牛乳

ぬるい牛乳を染みこませ、元気よくもむ。それでもダメなら同じことをレモン汁を使ってやる。

＊

◇**木にインクがついたら**

《用意する物》　牛乳・レモン汁

まずは牛乳をたくさん含んだタオルでこすり、次に同じことをレモン汁を使ってやる。

＊

◇**灰皿のニコチンの跡を消すには**

《用意する物》　ワインのコルク・塩

洗ってもニコチンが消えない場合は（ワインの）コルクを塩分の濃度の高い塩水に寝かせ、それでニコチンをこすり流す。

＊

◇赤ワインのシミを消すには

《用意する物》　白ワイン

白いナプキンにこぼれた赤ワインは、白ワインをかけてから洗濯する。

═フランスの田舎のおばあちゃんの知恵／ちょっと意外編

◇ニンニクを食べた後のお口の匂いをカバーするために

《用意する物》　コーヒー豆

食後にコーヒー豆をいくつか食べる。

＊

◇大好きなお皿にひびが入ったら

《用意する物》　牛乳

さっそくそのお皿を牛乳の入った大きな鍋に入れ、四、五分間沸騰させましょう。お皿を洗ったらアラ、びっくり、ひびがほとんど消えちゃった。

◇シャンパンの泡が無くならないように

《用意する物》　スプーン

一度開けたシャンパンのボトルはコルクがはまらない。次の日に泡がなくならないようにするには、小さいスプーンのお尻《しり》の部分をすっぽりと瓶の口に入れる。それだけで、泡は結構飛ばなくなる。

*

◇じゅうたんの汚れをキャベツで取る!?

《用意する物》　キャベツ

キャベツは料理だけではなく、じゅうたんの汚れを取る意外な役目もあるのです。キャベツを二つに切り、切ったサイドでじゅうたんをゴシゴシ磨く。後は掃除機をかけるだけ。その効果には驚きますよ（この作業中にダンナさんが帰ってきたら、きっと驚くでしょうね）。

*

◇タイツ（ストッキング）をもっと長生きさせるために

《用意する物》　角砂糖

タイツの洗濯をするたびに最後の濯《すす》ぎの際に角砂糖を水に溶かす。そうするとタイツがより丈夫になるのです。

◇木のアンティークの家具を買ったけれど、扉を開けた瞬間ムーンと（古さ独特の）イヤな匂いがしたら

《用意する物》　牛乳

そういう時は沸騰させた温かい牛乳をコップに入れ、それを家具の中に置いて扉を締める。牛乳が冷たくなった頃に扉を開けるとアラ不思議、イヤな匂いがかなり消えました。

eko fait du troc pas fatiguant

7

「人に優しくなれる エコロジー・リサイクル」 のための贅沢な節約生活

Ekologie et recyclage

築一〇〇年のアパルトマンならではの「省エネ生活」

「パリのアパルトマンってどうしてあんなに素敵なの？」

と思われる方はいらっしゃるかと思いますが、それ、パリジェンヌからすると「皮肉」にも聞こえるのですよ。確かに前世紀初めに建てられたアパルトマンには魅力がありまます。天井の装飾帯、壁下の柱脚（幅木）、黒い練鉄のベランダ、ウ～ン、素敵ですね。これに蚤の市で見つけたシャンデリアや古いソファやテーブルを置けば、それだけでムードが出て魅力的です。はい。

しかし、この見かけでは素敵なアパルトマンには、実は住んでみないとわからない欠点が山ほどあるのです。

まず、配管がボロボロ。パリの郵便受けに一番多く配られるビラはスーパーの広告、そして配管職人の広告なのです。はっきり言ってパリの配管職人は大金持ちだと思う。だって築一〇〇年のアパルトマンの配管ときたら本当にボロボロなんです。今いるアパルトマンには六年住んでいますが、三年に一度は水漏《も》れが起きる。つまり、水の管がガタガタで水が壁や天井に漏れる、というアクシデントが勃発《ぼっぱつ》するのです。パリのアパルトマン在住のお友達に聞いてみてください。みんな何かしらの配管のトラブルを経験しているはずです。

しかし、ここはムラムラ～とならないで、当たり前だと思っていればいいのです。実のところ私は、この手のトラブルのおかげで節約しているのです。

本来、キッチンの蛇口からお湯も水も出るはずなのですが、お湯が出てこない。職人を呼べばすぐに原因を見つけて、修理してくれるはずですが、ここはきっぱりとあきらめてお湯を使わないことにしました。「ないものはない」と決めたのです。しかも、それが省エネになる。というわけで、わが家では現在キッチンではお湯は使っていません。でも全然苦ではありません。慣れてしまいました。昔のおばあちゃんたちの時代にはお湯なんかなくたってどうとでもなったのだから、私だって同じことだ。そう思うことにしたのです。

ここのアパルトマンは元から接続されている天井の電気もヘトヘトにくたびれているのです（ここで申し上げておきますが、私のアパルトマンは決して格安のオンボロアパートではありません。とにかく、こういうトラブルはパリでは当たり前なのです）。私は決して電気系の仕事には向いていないので、こういう時はまずボーイフレンドに助けてもらいます。しかし、一度や二度は直ったとしても、最終的にプロに依頼しないとどうにもならない状態になってしまう。そこで、プロに頼まず、新しい発想を考えたのです。

自分でも意識していたわけではないのですが、この無意識の行動こそ「システムD」の原点だと思うのです。ケチだからプロを呼んで直してもらわないのではなく、「他に手がある」と思うから自然と別の方法論を考えてしまうのですね。

スイッチをオンにしてもオフにしても動いてくれないキッチンの電気はあきらめる。よって、この部分のメインスイッチを切る。そして、キッチンにはあえて、とってもチャーミングな（拾ってきた）電気スタンドを置く。そうなんです。このスタンドは「とってもチャーミング」がポイントです。なぜなら、目立つので、キッチンを出るたびに「消そう」という気持ちが沸いてくるのです。普通の天井の電球なら気にもならないのですが、意識が高まる分だけ消したくなるのです。寝室もダイニングも同じシステムに変えました。

別に私は省エネにこだわるほうではないのですが、この素敵なアパルトマンのおかげで工夫をして省エネを意識するようになったんですね。

エコロジー生活は身近なところから

二〇〇〇年というシンボリックな数字のせいでしょうか。ここ一年環境問題に対する意識が変わってきました。実際に起きているOGM農業（遺伝子組替え食品）やエリカ船石油汚染事件などのニュースを見ただけで、今まで以上にエコロジーを意識することは自然な成り行きです。

最近、自分が作っている雑誌の題材としてエコロジーを取り上げた際に本や資料をたくさん読み、自分の生活環境の中にもエコロジーに役立つ点がたくさんあることに気がつきました。

人間って知らないことはできないものです。けれども、一度知って、しかも笑いが止まらないほど簡単で、しかも地球に優しいことができるのだとしたら、それは素敵なことだと思いませんか。

エコロジーは大自然の保護でもあれば、電気の消費の節約もその一部。本や資料の「冷たい数字」を見て私は頭が冷えたのです。今から数字がたくさん出てきますが、数字というものは説得力があるものですから紹介してみましょう。数字は苦手でも、あなたも同じことをすれば、電気代が少なくとも二カ月分は節約できるのです。そう思うとやりがいがあるというものでしょう？

主電源を消すだけで電気代が一・五カ月分、お得に

「ここはヴェルサイユ宮殿じゃないのよ！」

この言葉は電気をちゃんと消さない子供に向かってお母さんが注意する時に言う表現で

す。ヴェルサイユ宮殿は素晴らしくゴージャスなシャンデリヤが山のようにあり、派手派手しく光り輝いているけれども、家では電気をほどほどに使わないとダメよ、という意味合いです。私も同じ言葉を言われながら育ちましたから、部屋を出る時は電気を消さなくてはいけないということは日常的に意識はしていたのです。

でもある日、電気代の請求書を全部集め、平均的な額の請求書を仕事のデスクの壁にピンで張ったのです。そして、エコロジーの本に書いてある「怖～い数字」を集め、同じく壁に張りました。それをじっくりと見ていると、意識しているだけではなくて実行しなくてはいけないという気持ちを新たにすることができたのです。

たとえば、テレビのスイッチは消しても主電源をつけっぱなしにしておくと、年間140キロワットを消費することになります。ビデオデッキの場合は、年間120キロワット。このKWH（キロワット）が何なのか？　多いのか、少ないのかは、このデータだけではわからないので、自分の電気代の請求書の数字と比較をしてみました。

わが家のひと月の平均使用は190KWH。請求金額は一五八フラン。単純に計算すると、今までつけっぱなしにしていたテレビ、ビデオ、ステレオコンポをちゃんと消していくと、年間でおよそ一・五カ月分の電気代が浮くことになります。主電源を消すただそれだけのことですが、やりがいが出てくると思いませんか？

そこで、もっともっと省エネを追求したくなりました。そして自然と次のポイントを注意するようになったのです。

＊使っていない時はパソコンをつけっぱなしにしない

＊電気ポットのつけっぱなしもやめよう

＊ほこりはバカにしてはいけない

電球についているほこりを拭きましょう。もっと明るくなります。

＝冷蔵庫の使い方しだいで電気代に差がでる

冷蔵庫の電力消費は、家庭で消費する電気代の二〇パーセントを占めているのだそうです。毎日二四時間、三六五日働いているのに、気がつけば雑に使ってしまっていました。

＊冷蔵庫はガス台や高熱が発生する場所から遠ざける

壁から一五センチは離しておきましょう。また部屋の熱気が上がると、冷蔵庫の電力の消費も上がります。

＊小さな冷蔵庫のほうが合理的

わが家の冷蔵庫は小さいのです。でも、一度も「小さすぎる」と思ったことはありません。大きな冷蔵庫を持っていて、中にものを詰め込みすぎて、奥に何が入っていたのかを忘れたことはみなさんにもあるでしょう？　買い物から帰ってきて、「あら、いやだ、奥に入っていたじゃない。あら、もう期限切れだわん」というエピソード、女性ならみんな経験しているはず。お金も消費電力も損なのです。小さな冷蔵庫には瓶はたくさん収納することができなくても、冬は瓶をベランダに置いておけば、充分対応できます。

＊年に一回は冷蔵庫のバカンスを

バカンス（休暇）の際には電源を切って、中味の食材は食べ切って、さあ、冷蔵庫の大掃除。ドアは開けておきましょう。綺麗な空気を吸って冷蔵庫もバカンス、バカンス。ただし、何度もバカンスするのはよくありません。

＊冷凍庫に霧氷ができたら即座に取る

霧氷が一センチもできてしまうとエネルギーの二五パーセント分の能率が減る。

‖素敵な「ガス台」、素敵な「ガス代」

＊コンロの口に合った鍋のサイズを選ぶ

＊お湯をわかす時はふたをつける（そのほうが早く沸騰する）

＊鍋は常にピカピカ状態にしよう（汚れがあればあるほど熱効率は下がる）

＊鍋底の水分は拭いてから火にかける（蒸発する分、エネルギーの損だもの）

＊定期的にオーブンの中を掃除する

使い終わった少し後に掃除をすると、まだ温かいので油汚れが簡単に取れます。しかも、省エネに結びつく。

ほんの少しの工夫で水はこんなに節約できる

蛇口から水が漏れると二四時間で300リットルも流れてしまうのです。これは、フランス人が一人日常に使う水の量（200リットル）の一・五倍！　そう考えると怖いでしょう⁉

フランスでは一日一人200リットルのうちの六パーセントは料理、一〇パーセントは食器洗い、一二パーセントは洗濯、二〇パーセントは掃除、三九パーセントは風呂、シャワー、トイレの使用分というデータがあります。

お風呂一回に使う水量は160リットル。シャワーの場合は70リットル。そして怖いのが、歯を磨く時に使う水の量、なんと18リットル。

さすがにこういうデータを目の前にすると考えさせられます。考えさせられるだけではなく、水を粗末にしすぎているのではないだろうか、と思ってしまう。

そこで工夫をしてみたのです。

＊歯を磨く時は水を流しっぱなしにしておかない。コップ三杯分で充分なのです

＊顔を洗う時も意識しましょう。水をためて、水道を止めて、洗って、そしてまた水を流す

＊ベランダにバケツを置いて、雨水を植木にあたえる

＊野菜を茹でた水をリサイクル。その水を焦げた鍋にためておけば汚れも落ちやすい。または皿洗いのため水として使う

＊お風呂の水で、さあ、家の大掃除

＊ちょっとお風呂の回数を減らしてみる。この際「シャワーでも充分」なんていう時は

＊油っぽい鍋は油を紙で拭いてから洗う

＊洗濯はまとめてやる。一人暮らしやカップルであれば週に一回で充分。タイツ（ストッキング）や靴下はお風呂上がりに洗濯すればいいでしょう?

＊水漏れを発見! 即座にプロを呼ぼう。

地球に優しい、エコノミック　エコロジー、実際に毎日続けていくうちに、新しい発見をしたのです。

＝地球に優しい日常行動が私にプレゼントしてくれたこと

地球に優しい日常行動をとるようになってから、私は変わりました。物を大事に扱うようになってから、自分を大事にケアできるようになったのです。

私はここ数年、仕事だけに走りすぎて、自分のことはかなり忘れていました。あなたもそういう気持ちになったことがありませんか？　たとえば家庭のこと、子供のことにばかり集中して、「自分を失うこと」ってあるでしょう。だからと言って、私は二四時間ずっと仕事をしていたわけではないのです。友人と会ったり、デートをしたり、旅に出たり……。しかし、そんなリラックスタイムでさえ頭の中の「仕事モード」は完全には消えてくれなかったのです。

中途半端な時間に軽食を食べたり、夜遅くポテトチップスを一パック食べたり……。とても恥ずかしいことではありますが、寝る前に水だけでピュピュっと顔を洗ってベッドに飛び込むことなんて、しょっちゅうありました。しかし、その「まあ、いっか～」精神が一気に消えたのです。

家からちょっと遠いディスカウントストアで買い物をしたり、電気や水を大切に使ったり、そうこうしているうちに自然と「自分を大切」に扱うようになったのです。知らないうちに毎晩ちゃんと顔を洗ってクリームをつけて寝るようになったのです。一日に2リットルは飲んでいた私の主飲物、カフェオレも量を減らしてミネラルウォーターに変わったのです。そう、自然と「自分を尊敬」する精神が生まれたのです。

シンプルライフから生まれた「ゆとり」は人に贈る

仕事ばっかりに集中するなんて、客観的に見ると、それはエゴイズムなのです。しかも最悪のエゴイズム。だって自分を愛しているのではなく、仕事を愛しているのだもの。

そんな人は周りにいる一番大切な人たちに「いい愛」がプレゼントできないのですね。「愛」は「愛」でも「いい愛」でなきゃ。自分にとって「いい愛」は相手にとっても「いい愛」とは限らない。それを学んだのです。自分を大切に扱うようになってから今までとは違った意味の「ゆとり」というものができたのです。そして、また新しい習慣がついちゃったのです。

＊ゴミ箱がいっぱいになったら、即座にゴミ捨て場に捨てに行く

＊パソコンの不必要なデータ、不必要なメールは定期的に捨てる

＊バッグの奥の「わっけのわからないモノ」を捨てる

そう、いつ買ったのか忘れちゃった、ぜんぜん使っていない化粧品、「いつか使おう」と思ってヘメレケになっているティッシュペーパー、どこかのパーティーで紙切れに書いた誰だかわからなくなってしまった人の電話番号……そんなモノは持っていても仕方がない。

不思議でしょう？

自分や自分の周りの不必要なものを「クリア」もしくは「イレーズ」するようになったのです。無意識にやるようになったのですが、こうして原稿にすると「うん、やっぱりさっぱりするんだな」と客観的に思います。

私はまだまだ規則正しい生活を送ってはいませんが（そして、これには別にこだわっていませんが）かなりそれでも規則正しい生活になりました。

そして何よりも、周りの大事な人に「いい愛」を贈る気持ちのゆとりが少しできたのです。

それって、地球さん、宇宙さんからの「プレゼント」ではないでしょうか？

ゴミとのつきあい方

ゴミについても考える余裕が出てきました。

ゴミのリサイクルに関しては、結論から言うと、日本のシステムとフランスのシステムがミックスされれば結構いい結果が生まれるのではなかろうか、と思うのです。日本、いや東京のシステムをみなさんに説明する必要はありませんね。問題は収集の日なのです。どうして毎日収集してくれないの？　どうしてキッチンがゴミ袋の山に覆われてなきゃいけないの？　東京の夏の日に台所に置いてある生もののゴミ袋から出てくる匂いで倒れそうになってしまうのは私だけではないはず。

どうにかならないのでしょうか。

フランスは、ゴミのリサイクルに関しては先輩のドイツと比べ、かなり遅れています。このシステムは、パリの13区から始まり、二〇〇二年までにパリ市全体に広まる。私は13区に住んでいるので分別には慣れました。二年ほど前からやっと細かく分別されたゴミのリサイクルを実施するようになりました。裏庭、奥場あるいはマンションのビル一軒ずつに特定のゴミ入れを設置しています。

一つは「ガラスの瓶専用」一つは「紙専用」一つは「プラスチック系専用」でもう一つは「他もろもろのゴミ入れ」。ちょっとフランスらしくてユニークなのはゴミ入れにもデザイン的にこだわっているところ。蓋《ふた》の部分の形に特色があるのです。たとえば紙専用の蓋は開けられないようになっていて、長細い郵便物入れのような形をしています。ガラスの瓶入れも、蓋は開けられません。上の真ん中に穴があり、すっぽりと瓶を落とすシステムになっているのです。どれも大きな色違いのゴミ箱です。ゴミはいつ出してもよくて、毎日管理人がそれを外に出し、毎日収集される。いつでも裏庭にゴミが出せるのはおおいに満足しているのです。その他にも、パリの街の中でも巨大なガラスの瓶専用のゴミ入れがあります。

フランスが日本を見習わなければいけないのはスーパーマーケットのビニール袋。日本では燃える袋を使うスーパーがありますよね。フランスにはないのです。最近モノプリという庶民的なスーパーに行ったら「エコロジーマーク」のついているビニール袋を発見したのです。有料で一フランも（「も」がポイントですね）したので「ワ〜イ！　やっとフランスもエコロジックなビニール袋を作ったのね」とその袋だけを買って、歩きながら見ていたら「この袋は燃えない素材でできています。燃えないゴミを出す際に利用しましょう」と書いてあった。あ〜ら、こんな商品を作るなら、最初から燃えるビニール袋を作ってください、と思ってしまいます。

フランス人は一人年間平均五五〇キロのゴミを出す。ガラスの瓶の半分はリサイクルから製造されており、鉄を一トンリサイクルすると、一トン製造できるのです。こうして考えると、ゴミの分別を変に意識せずに当たり前と思っていく必要がありますね。

フランスの家庭では洗濯の柔軟剤のボトルをリサイクルすることは日常的に定着しています。水道の水は石灰が多いので、柔軟剤を使わないと服が硬く仕上がってしまうので、洗剤同様に洗濯のときには欠かせません。液体のなくなったボトルは捨てずに、スーパーで売っているリチャージ（ボトルではなく、ビニールパックに入れてある柔軟剤）を買うようにしています。

日常生活でのリサイクルの知恵

具体的に絵子流のリサイクル、リフォーム例を紹介しましょう。

◇布は捨てない。古着を捨てない

私は根本的に布、生地が好きなのです。でも捨てない理由は、それらはいくらでも再利用できるからです。

◇古くなったり縮んでしまったニットでクッションカバーを作る

一枚のニットで足りないなら、二枚で作る。表と裏の違うこんなに簡単でチャーミングなものっていいでしょう。ソファに置いています。

◇コットンの布、たとえばTシャツを雑巾がわりに使う

時々日本の友人から日本の手ぬぐいをいただいたりしますが、それらは手ぬぐいとして使いません。柄が可愛いので縫い合わせてスカートを作ったことがあります。

◇米のとぎ汁を植物にあたえる。または床を磨く

◇チーズの丸い可愛い薄い木のパッケージングを小物入れとして使う

eko et son computer domestique

8

「シャープな時間の使い方」のための贅沢な節約生活

Et si on utilisait mieux son temps?

＝「日曜日はオフ」宣言

よく日本のファッション誌で「××ファッションデザイナー、一日追っかけ取材」というのがありますよね。私も気になるデザイナーの一日取材というのをやったことがあります。一日の時間スケジュールを添えて。そういう時、必ず思います。「この世で一番忙しいのは私なのよ」って。「本当に忙しい人を取材したいのなら私が追っかけられたいくらいだわ」と。

自由業、しかもパッションを含む自由業を選んだ人にとっては、忙しさはつきものかもしれませんね。朝九時に仕事が始まって、十八時には終業というサラリーマンのシステムとはほど遠い毎日を送っています。

一年ほど前に東京でファッション系のフリーランスの広報の女性と会った時に、その素敵な女性に「佐藤さん、申し上げておきますが、私は土日は徹底的にお休みを取らせていただいていますので……」と言われたのを覚えています。なんてこの方は日本人にしては珍しいのだろう、と目が点になったくらいです。

パリでは十八時もしくは十九時に仕事が終わるというのは本当に「終わる」という意味なのです。時間になると書類を片づけてせっせと家に帰るなり、友人とカフェで待ち合わせをするなり、スポーツジムに行くなり、夜の買い物に行くなり、とにかく頭の仕事モードが完全に「オフ」に切り替えられます。

それに比べ、多くの日本人は仕事と結婚をしているのではないだろうかと思うくらいに、なによりも仕事を優先する人が多いですよね。

実は私もつい最近まで仕事と結婚をしていました。そして、ある日、買い物の方法やエコロジー、物を大切に扱う、という点について真剣に考えるようになってから、仕事もいいけど、自分も大切にしないと、周りの人に「いい愛」を贈ることができない、ということに気づいたのです。

そこで考えました。大事な人と無意識に粗末につきあうのは最低なことなのではないかと。忙しいからといって、大好きな人々をほったらかしにしたままではいけないと。今まで土曜も日曜も仕事ばかりしていた私には、先ほどの日本人の広報の女性のように「土日は徹底的にオフざます」と言い切る余裕はすぐにはありませんでした。それでも、とにかく第一ステップとして「日曜はオフ」という、自分にしては思いきった決断をしたのです。そして、時間の使い方を見直そうと考えてみたのです。

頭の中は忙しくしてはいけない

フランス人は忙しくなるとブーブー文句をたくさん言います。

「忙しい、忙しい、あ〜、忙しい」と。言っている時間じたいがもったいない。これは絶対にいけないと思うのです。忙しいからといって焦《あせ》ってはいけないのです。頭がパニックしていては、物事は進みませんよね。忙しいという状況ばかりに気がいって、集中できない。だから、まずはセルフコントロールが大事なのです。ため息をつきながら、この忙しさをどうマネージメントしようか、と考えてみましょう。

フランス語に「デレゲ」という言葉があるのですが、これは「委任する」という意味。

自分にしかできないことは自分でやって、他の人にやってもらえることは委任してみる。人は全部自分で背負おうとしますが、時に委任するのは大事な時間のセーヴ方法です。

＊忙しい時こそ「白紙スケジュール表」を書いてみる

頭の中でわかっていても、自分のスケジュール、プランニングを紙に書いてみます。特に忙しい時は。ハードスケジュールの時は必ず寝る前に次の日にやらなくてはいけないことを紙に書いて、コンピュータの画面にくっつけるのです。誰でも思いつく発想ではありますが、私の場合は、これをやるのとやらないのとでは天国と地獄ほどの差が出てきます。ただ単に、毎日使っている小さなダイアリーにスケジュールを書き込むのとは違います。白い紙にはっきりと何時から何時はこれ、というふうに次々と書き、それを絶対に守ってみるのです。翌日はそれを徹底的に実行する。

家の門を締めた瞬間に電話が鳴っても、走って戻ってきて電話に出ない。仕事中にメールが入っても見ない、とにかく究極に忙しい日は他のことにいちいち気を向けず、とにかく自分が立てたプランニングを守ることが肝心です。一日くらい電話やメールや携帯電話をチェックしなくても世界は動き続けているのです。それを忘れないで。「何があろうと、月は地球の周りを回転し続けている」と思って、その日の目的をとことんこなすのがポイントです。

＊どんなに忙しくても部屋を片づければ時間は節約できる

「リスペクト」とは「尊敬」という意味。相手を尊敬したい。だから約束の時間には遅れない。実はこれは私にとって大きな課題なのですね。とにかく時間に遅れてくるのが上手な私は「人をリスペクトしないと、自分もリスペクトされないぞ」と思うようになったのです。一つの約束に遅れると、それに続くアポイントも徐々にズレて、思った以上に多くの人に迷惑をかけることになります。

家が散らかりっぱなし？　気がついた時に片づけましょう。大変なことになって、一時間かけて片づける羽目になる前に、気づいたら一五分でセッセとクリーンアップする。その瞬間は面白くなくても、片づいたら気持ちがよくなります。周りの人も自分もリスペクトしなきゃ。

とっても当たり前なのですが、ボルデリックな（ゴチャゴチャした）環境の中で生きるよりも、整理された空間の中にいたほうが精神的に頭がクリアになるのです。ゴチャゴチャしていては無意識に頭の中も散らかり状態。つまり、それも時間の損に結びつくのです。

＊「時間がないから」は言い訳にすぎない

「時間がないから」という言い訳は嘘なのです。

それをやる時間を作らないだけです。時間は自分でマネージメントするものですよね。選択しだいで「いい時間」と「悪い時間」ができるのです。たとえばボーイフレンドに「どうして夜ご飯を買ってこなかったの？」と言われて「時間がなかった」と答えてしまいがちですが、結局はそれも「その時間を作らなかった」ということですね。

でも、その時間は作ることができるのです。夜になって、ショップが閉まるのを待たないで、「行こうと思えば」仕事の合間にピュピュッと行けるし、しかも気分転換にもなります。夜ご飯の買い物を例に挙げたのは、忙しい人間は、忙しいことを理由にして家族や身内に対する基本的な愛情というのを無視する傾向にあるからなのです。そう、仕事の相手とはしっかりと身を引きしめて接することができるけれども、身内となるとルーズになってしまう。でもこれが続くといけません。

一日の中の気分転換タイムをバカにしてはいけないのです。たとえば私は家でお昼のランチを食べた後はすぐに仕事にとりかかります。しかし、二時間後にお皿洗いをします。これは、なかなかいい気分転換なのです。私にとって。

＊「ノン」と言うことで生み出される時間について

私も貴方も基本は「いい人」なのです。本当は断わりたいけど、断わりきれないこと、たくさんありませんか？　冷たい人だと思われたくないから……と思ってしまう人は多くはないでしょうか？

でも、こういう生き方はあまり健康的ではないのです。

断わりたい時はきっぱりと「ノン」と言いましょう。「ノン」と言った分の時間を自分にとって、周りの身内にとって楽しい時間、もしくは前向きな時間として使いましょう。

私たちは、ただでさえ今の仕事で忙しいのだから、急に頼まれた仕事はなるべく断わりましょう。仕事のダブルブッキングは落とし穴。途中で受けてしまった仕事のせいで、今とりかかっている仕事が中途半端になってしまいます。最終的に中途半端な結果を二つ生むよりも、クオリティーのよい仕事を一つこなしたほうがいいのです。仕事も量よりもクオリティーが大事。そのほうがいっぱいいい仕事の依頼がくるはずです。そう思いませんかか？

＊「オフタイム」も重要な「仕事」と考える

仕事と結婚してしまうと、何度も言うようですが、自分と愛する身内を見失ってしまいます。仕事のスケジュールの中に「自分の時間」というのをプランニングしてみてはいかがでしょう？　それも仕事のうちの一つと考えてみれば、できるはずです。モードをちょっと切り替えると、さっきまで想像もしていなかった新しい発想が自然と湧いてくる（あ～、それで新しい企画を考えて、構成してさらに忙しくなってしまう……ノン、ノン、新しいアイディアは紙に書いてアイディアボックスに入れて、時間のゆとりができた時に取り組みましょう）。特に忙しい日が続く時は、一日のプランニングの中に「オフタイム」というのを設定してみるのです。

前にも書いたように、「これも仕事の一つ」として設定する。たとえば、十五時に郵便局に行くというプランであれば、この外出を利用して郵便局の後に三〇分とって「散歩タイム」と設定するのです。な～んにも考えないで散歩をする。これ、とっても大切なのです。こうした気分転換で気持ちを「切り替える」のは、集中を壊す作業ではなく、無意識に今の作業を豊かにする運動だと思います。より客観的になり、よりシャープな発想が生まれてくることはよくあります。

また、仕事とは関係なく、自分を取り戻し「何が大事なのか」が見えてくることがあります。世の中、仕事や子供の教育だけが大事なことではないのです。まず自分を大事にできる人は周りの人たちも大事にできるのです。

＊午前中に一日の四分の三の仕事はこなすことができる

昔は、朝六時まで原稿を書いて、お昼に起きてゆっくりと仕事を始めていました。しかし、午後とは早いもので、仕事の相手がランチから戻るのを待って連絡をすると十五時スタートの一日になってしまいます。それよりも、その日の仕事の「メインどころ」を朝にもっていくと（フランスの場合）人は簡単につかまるし、一日の四分の三の仕事は朝のうちに片づけることもできるのです。

とにかく私は、電話連絡は全部朝のうちに済ませています。たとえば九時三十分から十一時まで何人の人と電話できるかご存じですか？　想像以上にたくさんの用件を済ますことができます。これを午後に持っていくと、人がつかまらず、大変な時間の損になってしまうのです。そして私の場合、朝の「電話集中攻撃」が終わると午後は取材をしたり、原稿をゆったりと書く時間に充てています。

もう一つ、大切なのは、「夜は私の時間」と決めること。

買い物も仕事も徹夜でオッケーと思ってはダメ。日が暮れるまでにしっかりと仕事をクリアして、その後を自分の時間にしよう、と定めるのは健康的です。

＊「コミュニケーションタイム」のすすめ

ここまで書いたことは、仕事をしている人も、専業主婦や子育て中のお母さんにもあてはまるお話だと思います。さらに、私たちは時間のスケジュールの中に「コミュニケーションタイム」というのを設定する必要があるのではないでしょうか。

「コミュニケーションタイム」というのは、自分の世界ではない次元で新しいものを発見する、という意味です。編集者が編集の世界の中だけで生きていて息詰まってしまうように、お母さんがお母さん世界のみとつきあっていては同じく息詰まってしまいます。自分の世界とは違う畑の人と出会ったり、会話をすると豊かになります。

方法はいくらでもあります。自分の知らない町を散歩してみたり、友人同士で思いきって「今まで行ったことのない場所」に行ってみてはいかがでしょうか。新しい発見、新しいコミュニケーションは捨てたものではありません。

たしかに、こればかりは毎日できることではありませんが、週に二回くらいは実行してみるといいのではないでしょうか。「無知は人間の最も大きな欠点だ」とフランスのインテリが言っていましたが、まさにそのとおりです。私の大好きな作曲家ガブリエル・ヤレド（あの素敵な映画『ベティー・ブルー』のサントラを作曲した人）に「我々は学ぶために生まれてきた」と言われたことがあります。そう、私たちは生きている限り、ずっと学ぶことができるのです。コミュニケーションタイムを導入して豊かになりましょうよ。

＊自分一人で悩んでいるのは時間の無駄

「フランス語に不可能という言葉はない」これは、たしかナポレオンの言葉だったと思います。そう、不可能はないのです。「できない」と思ってはいけない（なんて私は楽観的なのでしょうか?）。この発想から「システムD」というフランス的な考え方が生まれてきたのかもしれません。

これはコミュニケーションにも結びつきますが、自分にとって難しい課題ができたら、一人で頭をかかえてグルグル回り、時間を無意味に使うよりも、思いきって知人を呼んでブレスト（ブレーンストーミング）をしましょう。自分が考えてもいなかった発想がたくさん出てきて、自分一人で悩むのがいかにバカバカしくて時間の損だったかがよく見えてきます。委任にも関係しますが、知人に参加してもらって一部を任せるのも一つの発想。

＊どんなに忙しくても忘れてはいけない四つのこと

自分を忙しさの中へ閉じ込める前に何が大事なのかを整理してみましょう。

「仕事のこと」「家族のこと」「自分のこと」「友人のこと」。

この四つを大事なことの前提として、バランスよく振り分けるのです。たとえば、どんなに忙しくても週に一回は友達と遊ぶ、日那、もしくはボーイフレンドとデートをする、お洒落をする、などと決めておく。でないと、ついつい、忘れてしまいます。人生の楽しさを。「いい愛」を意識しながら、もっとシンプル・ハッピーになりましょう。

本書は二〇〇〇年五月、小社より『フランス人の贅沢な節約生活』として四六版で発行された作品を文庫化したものです。

一〇〇字書評

切り取り線

購買動機（新聞、雑誌名を記入するか、あるいは○をつけてください）

□（　　　　　　　　）の広告を見て	
□（　　　　　　　　）の書評を見て	
□ 知人のすすめで	□ タイトルに惹かれて
□ カバーがよかったから	□ 内容が面白そうだから
□ 好きな作家だから	□ 好きな分野の本だから

●最近、最も感銘を受けた作品名をお書きください

●あなたのお好きな作家名をお書きください

●その他、ご要望がありましたらお書きください

住所	〒				
氏名		職業		年齢	
新刊情報等のパソコンメール配信を 希望する・しない	Eメール	※携帯には配信できません			

あなたにお願い

この本の感想を、編集部までお寄せいただけたらありがたく存じます。今後の企画の参考にさせていただきます。Eメールでも結構です。

いただいた「一〇〇字書評」は、新聞・雑誌等に紹介させていただくことがあります。その場合はお礼として特製図書カードを差し上げます。

前ページの原稿用紙に書評をお書きの上、切り取り、左記までお送り下さい。宛先の住所は不要です。

なお、ご記入いただいたお名前、ご住所等は、書評紹介の事前了解、謝礼のお届けのためだけに利用し、そのほかの目的のために利用することはありません。

〒一〇一－八七〇一
祥伝社黄金文庫編集長　吉田浩行
☎〇三（三二六五）二〇八四
ohgon@shodensha.co.jp

祥伝社ホームページの「ブックレビュー」からも、書けるようになりました。
http://www.shodensha.co.jp/bookreview/

祥伝社黄金文庫

フランス人《じん》の贅沢《ぜいたく》な節約《せつやく》生活《せいかつ》

平成14年10月20日　初版第1刷発行
平成27年4月20日　第20刷発行

著　者　佐藤絵子《さとうえこ》
発行者　竹内和芳
発行所　祥伝社《しょうでんしゃ》
〒101－8701
東京都千代田区神田神保町3－3
電話　03（3265）2084（編集部）
電話　03（3265）2081（販売部）
電話　03（3265）3622（業務部）
http://www.shodensha.co.jp/

印刷所　萩原印刷
製本所　ナショナル製本

Printed in Japan　© 2002, Eko Sato　ISBN978-4-396-31308-1 C0177

フランス人の
気持ちいい美容生活
belle belle belle
佐藤絵子
eko sato
フランス人の